Helmut Brenner

Meditation

Die wichtigsten Ziele, Methoden und Übungen

Helmut Brenner

Meditation

Die wichtigsten Ziele, Methoden und Übungen

PABST SCIENCE PUBLISHERS
Lengerich, Berlin, Bremen, Miami,
Riga, Viernheim, Wien, Zagreb

Dipl.-Psych. Helmut Brenner
Paulinenstr. 20
D-32108 Bad Salzuflen
mail@helmutbrenner.de
www.Entspannungsliteratur.de

Bibliografische Information der Deutschen Nationalbibliothek
Die Deutsche Nationalbibliothek verzeichnet diese Publikation in der Deutschen Nationalbibliografie; detaillierte bibliografische Daten sind im Internet über <http://dnb.ddb.de> abrufbar.

Konvertierung: Armin Vahrenhorst

Druck: KM-Druck, D-64823 Groß-Umstadt

ISBN 978-3-89967-648-8

Inhaltsverzeichnis

Einführung

Der Verstand ermöglicht begrenzte Erkenntnis, die Versenkung unbegrenzte Einsichten.

Meditation – ein unbekanntes Wesen? Die wenigsten haben eine Vorstellung von dem, was Meditation sein könnte. Trotzdem meint fast jeder, über Meditation ein positives oder negatives Urteil fällen zu können. Kaum jemand kann jedoch erklären, was Meditation ist. Das ist nicht verwunderlich. Meditation klingt fremdartig und es gibt nicht nur eine einzige Form davon. Es existieren verschiedene Arten, sodass es schwierig ist, allgemeingültige Erklärungen abzugeben. Zudem kommen die meisten Meditationsformen aus dem mittleren und fernen Osten, was ihnen den Hauch des Unbekannten und Unfassbaren verleiht.

Unfassbares reizt zu Abwehr oder Legendenbildungen. Besonders der westliche Mensch hat das Bedürfnis, für ihn Unbegreifbares begreifbar zu machen. Auch ohne Sachkenntnisse sind wir versucht, über uns Fremdes zu urteilen. Da uns die Grundlagen für Urteile fehlen, geben wir positive oder negative, selten neutrale Pauschalbewertungen ab. Diese Art der Bewertung bezeichnen wir treffend als Vorurteile. Vorurteile geben wir ab, wenn uns Kenntnisse fehlen. Urteilen können wir nur, wenn wir genügend Kenntnisse über ein Thema haben. Nur wenn wir uns Wissen über eine Materie angeeignet haben, können wir Gewinn aus dem Wissen ziehen. Da es hier um geistige Themen geht, lässt sich der Gewinn natürlich

nicht in materiellen Einheiten messen, vielmehr handelt es sich um geistigen Gewinn. Wir können mit Fug und Recht von Erkenntnisgewinn sprechen. Mit dem Begriff „Erkenntnis“ befinden wir uns auf der verstandesgesteuerten Basisstufe der Meditation: Sie fördert Erkenntnisse über unser Sein in dieser Welt und über unsere Stellung im Kosmos. Sind Erkenntniswünsche über das eigene Sein vorhanden, ist Meditation der geeignete Weg. Es gilt dann, die am besten geeignete Art der Fortbewegung auf dem vorerst bewusstseinsgesteuerten Meditationsweg zu finden. Die verschiedenen Arten der Fortbewegung sind die verschiedenen Meditationsformen, die in diesem Buch beschrieben werden. Welche davon am besten geeignet ist, lässt sich am sichersten durch Ausprobieren erfahren. Die Techniken, die hier vorgestellt werden, kann jeder ohne besondere Vorkenntnisse oder Voraussetzungen erproben.
Wer tiefer in einzelne Meditationssysteme eintauchen will und Einsichten in überpersönliche Sphären anstrebt, findet in diesem Buch Anleitungen, wie die Verstandessteuerung zu überschreiten ist. Zur ersten Orientierung folgt hier eine Übersicht über die Qualität der Seinserfahrung auf dem Verstandesweg und auf dem Versenkungsweg. Die Übersicht kennzeichnet die beiden Pole, zwischen denen ein Kontinuum mit Zwischenwegen und Querverbindungen besteht (s. Abb. 1).
Zu den Meditationswegen finden sich in den Yoga-Sutras kurze Erläuterungen. Beim einleitenden Fixierungsweg wird der Geist auf einen bestimmten Gegenstand, auf eine bestimmte Stelle ausge-

	Verstandesweg	Versenkungsweg
Meditationsart	Entspannungsmeditation	Versenkungsmeditation
Orientierung	organismisch	metaphysisch
Weltbild	mechanistisch	philosophisch, religiös
Steuerung	Naturgesetzmäßigkeit	Höherc Instanz, Gott
Ziele	Wissen Außenschau Bewusstseinserweiterung Erkenntnis verstehen u. steuern	Weisheit Innenschau Spirituelle Tiefe Einsicht Seinserfahrung
Seinserfahrung	"Ich" Person persönlich begrenzt endlich existentiell	"Selbst" Über-Es überpersönlich unbegrenzt unendlich transzendental

Abb. 1: *Verstandesweg und Versenkungsweg in der Meditation*

richtet. Bei der Verstandesmeditation vergegenwärtigt sich der Meditierende ein von ihm bestimmtes Gedankenobjekt an der ausgewählten Stelle. In der Versenkung erscheint das Gedankenobjekt spontan in abgewandelter Form; es ist nicht mehr verstandesgesteuert, sondern folgt inneren Leitlinien.

Wer höhere, transzendentale Einsichten zulassen will, sollte eine für sich selbst passende Basis für die Meditation wählen. Da meditative Innenschau auch Einsichten in unser Sein in dieser Welt und über unsere Stellung im Kosmos zum Ziel hat, stellt sich die Frage, ob wir eine feste Ausgangsbasis für neue Einsichten haben. Welche weltanschauliche bzw. religiöse Verankerung haben wir, von der wir ausgehen können? Denken wir über unsere Basis nach, bevor wir uns zu neuen Ufern aufmachen. Für überpersönliche Meditation brauchen wir nämlich festen Boden unter den Füßen, von dem aus wir meditieren können und auf den wir uns zurückbeziehen oder auch zurückziehen können. Ansonsten könnte es vorkommen, dass wir mit neuen Erfahrungen bodenlos in der Luft hängen. Den Boden kann eine Weltanschauung, ein philosophisches oder religiöses System bieten. Die meisten Meditationspraktiken basieren auf religiösen Systemen. Die eigene Basis sollte jedem deutlich sein, der sich mit Meditation beschäftigt. Tiefgreifende Meditation ist nur auf gefestigter weltanschaulicher Basis sinnvoll. Ohne eine solche Basis geht Meditation ins Leere. Sofern die Basis noch nicht gefunden wurde oder im Verlauf des Lebens wieder verloren gegangen ist, erläutert dieses Buch vor den einzelnen Meditationspraktiken geeignete Basissysteme.

Für oberflächlichere Meditationen mit dem bloßen Ziel der Entspannungsförderung oder des Genießens von wohligen Gefühlen, kann die weltanschauliche Basis auch fehlen. Wenn Übungen des Hatha-Yoga in der Gymnastik missbraucht werden, hat das nichts mehr mit Meditation oder Weltanschauung zu tun. Yoga sollte nicht mit Gymnastik verwechselt werden. Wie Mantras nicht in der Werbung missbraucht werden sollen, ist Yoga in der Gymnastik fehl am Platze. Es ist dem freien Menschen, von dem wir ausgehen, allerdings freigestellt, so etwas zu tun. Nur sollte jeder darüber nachdenken, was er tut. Za-Zen ist Meditation, ein Zen-Basar ist eine Zumutung.

Um den Denkhintergrund der Meditationssysteme zu verdeutlichen, denken wir uns vor Beginn der einzelnen meditativen Übungen ein Stück weit in das zugrunde liegende weltanschauliche System hinein. Zum einen lernen wir so den religiösen Hintergrund der einzelnen Meditationen besser verstehen, zum anderen können wir uns Klarheit darüber verschaffen, welche Denkvoraussetzungen z. B. bei Tai Chi bestehen.
Wer einen kompakten Überblick über die am weitesten verbreiteten Meditationspraktiken und deren Hintergründe sucht, findet sie hier. Von den großen Religionen haben wir diejenigen berücksichtigt, die hervorragende meditative Systeme geschaffen oder sich zu eigen gemacht haben. Das sind der vom Buddhismus und Hinduismus beeinflusste Tantrismus mit der Mandala- und Bildmeditation. Als zweite Richtung folgt in unseren Betrachtungen der Hinduismus mit der Mantrameditation. Der Hinduismus bedient sich auch des Yoga, ähnlich wie der Buddhismus. Taoistisch und konfuzianisch beeinflusst entstanden der Zen-Buddhismus und die Zen-Meditation. Aus dem Taoismus kennen wir das Balancemodell von Yin und Yang und die Bewegungsmeditation Tai Chi. Yogaelemente finden sich in allen östlichen Systemen.
Im Westen benutzt das Christentum alte Meditationsweisheiten im Herzensgebet und in christlichen Exerzitien. Die autogene Meditation ist im christlichen Umfeld entstanden, verzichtet aber auf eine religiöse Begründung.
Die Auswahl der Praktiken berücksichtigt die Mentalität des westlichen Menschen. Mit einge-

schränktem Erkenntnisgewinn lassen sie sich auch ohne gefestigten weltanschaulichen Hintergrund durchführen. Für tiefergehende Meditation ist es nicht unbedingt nötig, das der Meditation im Text zugeordnete religiöse bzw. weltanschauliche System zu wählen. Für die Mandalameditation ist statt des Tantrismus auch der Buddhismus oder das Christentum als Denkhintergrund akzeptabel. Es kommt nicht darauf an, ein bestimmtes weltanschauliches System als Hintergrund zu wählen, es geht vielmehr darum, überhaupt eine Basis zu haben. So lässt sich Zen-Meditation auch auf christlichem Hintergrund durchführen. Das endgültige Meditationsziel ist dann statt des Verwehens im Nirvana die Vereinigung mit dem Göttlichen. Ein Atheist wird sich eher fürs Nichts oder das All-Eine entscheiden. Der individuell am besten passende Weg offenbart sich auf dem Wege.
Eine Übersicht über die Meditationssysteme findet sich im Anhang auf Seite 200f.

Überblick

Geplant ist, einen Überblick und einen Einblick in die wichtigsten Meditationen zu geben. Die einzelnen Methoden sollen mit Beispielen verdeutlicht und erlebbar werden.
Das Besondere daran ist, dass für die einzelne Meditationsrichtung jeweils ein spezifischer Meditationsweg und ein oder mehrere spezifische Handwerkszeuge bzw. Meditationstechniken ausgewählt werden, um die Methode plausibel und nachvollziehbar zu machen.

Die Meditationsrichtungen stellen wir zunächst groborientierend als östliche und westliche Meditationssysteme gegenüber. Die sozialen und psychologischen Hintergründe in Asien und Europa sind unterschiedlich und führen zu verschiedenen Meditationszielen. Beim Thema Esoterik geht es um die unterschiedlichen Hintergründe, denen sich die Ziele und Praktiken anpassen. Meditationssysteme, die sich schwerpunktmäßig auf Phänomene richten, die außerhalb der meditierenden Person liegen, wollen exoterische Defizite ausgleichen. Die ideologische oder die religiöse Basis bestimmt jedoch, ob dieser Ausgleich gefördert werden soll. Esoterik wendet sich besonders an Menschen, die Innenschaudefizite haben. Das ist häufig beim westlichen Menschen so. Deshalb ist die östliche Esoterik im Westen so beliebt. Wegen der kulturellen Unterschiede müssen die Übungen aber der westlichen Mentalität so weit wie möglich angepasst sein.

Beim schrittweisen Gang durch den Text wird klar, dass die Meditationsrichtungen einen soziokulturellen und weltanschaulichen Hintergrund haben. Dieser Tatsache tragen wir Rechnung, indem wir die Hintergründe erläutern und bei den einzelnen Methoden nur solche Praxisbeispiele verwenden, die dem westlichen Menschen angepasst sind. Die Beispielübungen sind so gewählt oder angepasst, dass sie auch ohne asiatische Mentalität oder besondere Glaubensrichtung durchführbar sind und gelingen.

Die kulturübergreifenden Übungen fördern eine essentielle Sicht der Dinge und des Seins. Dadurch können sich persönliche Wertigkeiten verändern. Dem Betroffenen wird z.B. sein überzogenes materielles Streben bewusst, mit dem er positive mitmenschliche Erlebnisse verhindert und eine ganzheitliche Sicht der Dinge und des Seins vermeidet. Das bisherige Streben beruht auf Erziehungseinflüssen und auf einschlägigen Erfahrungen. Die Einsicht in solche Zusammenhänge kann ideologisch oder geistig begründete Diskrepanzen zwischen äußerer und innerer Wirklichkeit ausgleichen. Die oft durch Hektik und Forderungen vernachlässigte innere Wirklichkeit lässt sich mit Einsatz der Sinne, Denken, Fühlen und Wollen fördern.

Auf dem meditativen Weg benutzt die Mandalameditation vorrangig den Sehsinn, die Mantrameditation den Hörsinn, Tai Chi und Hatha-Yoga nutzen u. a. den Spürsinn, bei Za-Zen, Exerzitien und autogener Meditation wird der Wille auf unterschiedliche Weise eingesetzt. Welcher Weg für den Einzelnen der richtige ist, lässt sich nicht von vorneherein festlegen. Der Leser kann die verschiedenen Angebote im Buch erproben und den für sich passenden Weg auswählen.

Abschließend gibt es dazu einige Beispiele und Hilfestellungen, indem die eigene Entwicklungsgeschichte und bisherige Lebenserfahrungen erinnert werden. Die bisherige Lebenserfahrungen bilden die Basis für Neuorientierungen und Ausgleich von Defiziten. Schlüsselerlebnisse oder „Zufälle“ öffnen den Horizont zur Selbstfindung und Selbstentfaltung. Der neue Weg beinhaltet einen achtsameren Umgang mit sich und seinem Organismus.

Die angebotenen Meditationspraktiken lassen sich auf dem neuen Weg hervorragend nutzen. Das Buch wendet sich an meditationsunerfahrene Laien, denen auffällt, dass Hektik und Stress nicht alles im Leben sein können. Deshalb suchen sie nach neuen Werten und Wegen. Sie wollen mehr Erfüllung in ihrem Leben erfahren.

Meditationsrichtungen

Meditation im Osten

Wissen ist mitteilbar,
Weisheit ist erfahrbar.

Sozialer Hintergrund

„Wie schmeckt Thali?" fragt der Fremde in Asien. „Probieren Sie es!" ist die höfliche Antwort. Was in unseren Ohren als ungehörig klingen mag, ist ein Beispiel für das praktische und praxisbezogene Denken im Osten. Dort kann auf die Frage „Was ist Meditation?" ohne weiteres die Gegenfrage folgen: „Wie schmeckt Thali?". Diese Antwort kann sich nach Überwindung der ersten Verblüffung als hilfreicher erweisen als „Probieren Sie es aus!"

Der indirekte, oft sanfte östliche Umgang miteinander ist für die meisten von uns gewöhnungsbedürftig. Die Kulturen haben ihre Besonderheiten ausgebildet, die im Rahmen der Globalisierung erfreulicherweise nicht gänzlich verschwunden sind.

Die meisten wissen, dass die wichtigen Hochkulturen des Altertums aus dem Osten stammen. Sie denken an die ägyptischen Pyramiden, die griechische Akropolis und die chinesische Mauer. Soziale Zusammenhänge und geistige Einflüsse bleiben uns meist verborgen. Wer hat schon von der Kultur der Sumerer und der daraus entstandenen Indus-Kultur gehört. Diese Kulturen sind wie die ägyptische Hochkultur über 5000 Jahre alt. Vor 5000 Jahren gab es in Europa nichts Vergleichbares. Wir berufen uns gerne darauf, zum Volksstamm der Dichter und Denker zu gehören, einer etwa 200-jährigen Tradition. Obwohl die meisten daran keinen Anteil haben, schauen viele auf die vermeintlich niedriger rangierenden Völker Asiens herab. Üben wir uns jedoch in Bescheidenheit, indem wir die 5000-jährige östliche Tradition zur Kenntnis nehmen. Die fünf Weltreligionen stammen ausnahmslos aus dem Osten, ebenso die wichtigsten Meditationssysteme. Die Hochkulturen basieren meist auf einem religiösen System und einer führenden Priesterschaft. Aus soziologischer Sicht wird das Volk den Göttern unterworfen und die Priester zementierten mit Regeln und Riten das religiöse System. Die obersten Führer des Volkes sind dann die Priester selbst oder weltliche Herrscher bedienten sich der Religion, um das Volk zu regieren.

Hüten wir uns davor, auf solche Praktiken hochmütig herabzuschauen. Die Fürstbischöfe, Kaiser und Könige in Europa haben es nicht anders gemacht.

Für die Kultur der Sumerer und die Indus-Kultur sind die Zusammenhänge noch wenig erforscht.

Jedenfalls ist ziemlich klar, dass die Anfänge des fast 5000 Jahre alten Yoga auf Naturgesetzen basieren und aus praktischen Alltagsnotwendigkeiten und Naturvorbildern entstanden sind. So wurden die Notwendigkeit der Körperreinigung und elementare Entspannungshaltungen in den Yoga übernommen. Der Yoga ist eines der ältesten meditativen Systeme. Er wird auch heute noch in Indien und weit darüber hinaus ausgeübt.

Es ist schon erstaunlich, wie sich die Verhältnisse im heutigen Indien darstellen. In diesem riesigen Land, das etwa sieben mal so groß wie Deutschland ist, zeigt sich allerdings kein einheitliches Bild. Es gibt deutliche regionale Unterschiede. Obwohl die Inder zu etwa 80% Hindus sind, wäre es falsch anzunehmen, sie seien alle praktizierende Gläubige. Der Vergleich mit den Christen ist durchaus angebracht: Auch die Minderzahl der Christen sind praktizierende Christen. Auf dem Lande ist die Religiosität größer als in den Städten. Auch das ist bei uns ähnlich. Ebenso sind die Älteren gläubiger als die Jüngeren. So sind manche Jüngere der Auffassung, Krishna sei ein Sexprotz und Dandy gewesen. Sie entschuldigen damit eigenes entsprechendes Denken.

Entlang des Ganges sind bis heute die Mohammedaner recht stark vertreten. Sie treten aber nicht so in Erscheinung wie in mohammedanischen Gesellschaften. Die Männer tragen selten die für Moslems typische graue oder braune Kleidung. Die moslemischen Frauen sind nicht konsequent schwarz mit schwarzer Kopfverhüllung gekleidet. Die moslemischen Frauen tragen wie die Männer meist indische Kleidung. Man erkennt sie an dem meist bunten Kopftuch, das locker auf den Haaren liegt und dessen Ende sie manchmal zum Mund hinziehen. Die Hindufrauen sind oft indisch-bunt gekleidet oder tragen das, was für sie erschwinglich ist. Die Männer achten darauf, mit langer Hose und Hemd mit Kragen bekleidet zu sein. Selbst für Obdachlose ist diese Kleidung wichtig, gibt sie ihnen doch das Gefühl, nicht ganz unten, nicht ganz heruntergekommen zu sein. Selbst Gehsteigschläfer achten auf solche Kleidung, die zudem möglichst sauber wirken soll. Man wird keinen gläubigen Hindu finden, der sich mit T-Shirt oder schmutziger Kleidung zeigt. Die zum Glauben gehörigen Reinigungen erfolgen in Flüssen oder an öffentlichen Wasserstellen in den Großstädten. Ansonsten stehen Wasserbehälter öffentlich zur Verfügung. Mitunter gibt es auch Wasserausschenker. In aller Armut achten die Hindus auf die religiös verankerte Sauberkeitsforderung, die auch in den Meditationen verankert ist.

Zunächst wollen wir uns klarmachen, dass es sich bei den östlichen Meditationssystemen um religiöse Wege zur höheren Erkenntnis, Reinheit und All-Einheit handelt. Den Meditationen liegt eine Philosophie zugrunde, nämlich Religionsphilosophie. Die einzelnen Meditationen sind verschiedene Wege zur Erreichung des religiösen Ziels. Das religiöse Ziel kann im Laufe der Zeit um ein politisches Ziel erweitert oder dadurch ersetzt werden. Dies ist der Fall, wenn eine machtpolitische Interessenlage der Herrschenden die Religion zur Ideologie macht, wie dies heute teilweise in der islamischen Welt der Fall ist. Macht und

Allmachtstreben können auch die Begründer von Religionen bzw. deren Nachfolger zu totalitären Philosophien fehlleiten. Der Bhagwankult oder die Scientology-Vereinigung können hier als Beispiele genannt werden.
Um die Gefahr eines Missbrauchs auszuschließen, ist es sinnvoll, sich vor intensiver Beschäftigung mit bis dato unbekannten philosophischen und meditativen Systemen über deren Sinnhaftigkeit und kulturelle Verträglichkeit mit den eigenen sozialen Hintergründen Klarheit zu verschaffen.
Neue religiöse oder meditative Richtungen müssen nämlich in ein vorhandenes soziales Gefüge passen und sich zum Wohle aller Beteiligten auswirken. Dies gilt für die friedliche Ausbreitung von Religionen und für die sozialverträgliche Einführung neuer Meditationen. Es ist nicht akzeptabel, eine Religion aufgrund von Machtinteressen oder eine Meditationsrichtung aufgrund von „Sendungsbewusstsein" einführen zu wollen. Die Waffengewalt der Kreuzzügler im Mittelalter oder der islamischen Mogulherrscher sind ebenso inakzeptabel wie der Absolutheitsanspruch und Psychoterror fanatischer Sekten.
Die Hochkulturen und Religionen des Altertums beanspruchten kein Alleinvertretungsrecht für ihr System oder ihre Religion. Es kam daher zu gegenseitigen Beeinflussungen von Hinduismus, Buddhismus, Tantrismus, Taoismus und Zen. Teilbereiche der anderen Meditationssysteme wurden dem eigenen angepasst und assimiliert. Eine entscheidende Wende trat vor ziemlich genau 2000 Jahren mit der Einführung der ersten

Religion mit Absolutheitsanspruch ein. Das Christentum und später der Islam scheuten zur Durchsetzung ihrer vermeintlich alleinigen Wahrheit selbst vor Waffengewalt nicht zurück. Kampfansage im Namen einer Religion war und ist für die Völker der asiatischen Hochkulturen undenkbar. So wurden die asiatischen Hochkulturen zeitweise vom Islam überrollt. Die eigene kulturelle und religiöse Identität ließ sich aber nicht zerstören. Sie waren stark genug, den Islam mit Glaubensmitteln zurückzudrängen. Das religiöse und meditative Glaubensbekenntnis: „Das Weiche bricht das Harte" hat sich durchgesetzt. Mahatma Gandhi wendet diese Weisheit an, wenn er in einem Interview formuliert: „Alle Religionen wollen doch dasselbe: Wahrheit, Liebe und Gerechtigkeit." Er wirft dem Christentum nicht Wahrheitswahn und seinem Hindutum nicht Liebes- oder Gerechtigkeitsmangel vor. Er hebt das gemeinsam Positive hervor. Er geht den Weg des Friedens in und zwischen den Völkern. Ihm widerstrebt die westliche Kampf- und Streitsucht. Für ihn ist nicht entscheidend, ob das Christentum oder der Hinduismus mehr oder weniger als die bekannten 700 Millionen Anhänger haben (vgl. Glasenapp). Was sagt die Zahl von je 400 Millionen Mohammedanern, Taoisten und Buddhisten auf dieser Welt? Welche Bedeutung haben mehr oder weniger Anhänger für den Einzelnen? Von Belang sind lediglich die Inhalte und ob die Menschen sich mit den Inhalten identifizieren können. Von den fünf Weltreligionen gehen Hinduismus, Taoismus und Buddhismus von Dharma, vom ewigen Weltgesetz aus. Christentum und Islam postulieren eine Schöpfung mit Anfang und Ende im Jüngsten Gericht. Für die Schöpfungsreligionen ist Zeit wegen der Endlichkeit des Lebens und der Welt ein besonderes Thema geworden. Für die Religionen des Dharma, des ewigen Weltgesetzes spielt Zeit eine untergeordnete Rolle. Der Mensch verliert im Vergleich zur Unendlichkeit des Universums an Bedeutung und Zeit wird relativiert. Der Christ hofft auf die Auferstehung des Fleisches beim jüngsten Gericht. Um dann gut dazustehen, hat er ein christliches Leben zu führen. Der Buddhist hofft auf eine günstige Wiedergeburt seiner Essenz im nächsten Leben und hat einwandfrei zu leben, um schließlich ins Nirvana eingehen zu können.

Bei aller Unterschiedlichkeit der Weltreligionen haben sie eins gemeinsam: Zur Erreichung ihrer Ziele haben Menschen ein ethisch einwandfreies Leben zu führen. Die Meditationssysteme stellen Hilfen auf diesem Weg zur Verfügung. Es ist nicht entscheidend, welches religiöse bzw. meditative System das ist. Entscheidend ist, dass es auf Ethik beruht.

Für die Menschen im Westen ist der Buddhismus besonders attraktiv, weil er auf unbeweisbare Götter und deren Welterschaffung verzichtet. Er ist besonders attraktiv, weil er vielen Menschen als hoffnungsspendender Gegensatz zum für sie enttäuschenden Christentum erscheint. In der buddhistischen Auffassung ist alles Denken, Fühlen und Wollen gut, wenn es bei ethischem Lebenswandel zur Verminderung von Leiden – bereits in dieser Welt – führt.

Da der Buddhismus und die Meditation des Zen-Buddhismus im Westen einen besonders hohen Stellenwert haben und eine möglichst verklärungsfreie, objektive Sicht sinnvoll erscheint, soll der Buddhismus bereits an dieser Stelle in einigen Grundzügen dargestellt werden. Er steht hier als Beispiel für die östlichen Religionen. Die anderen philosophischen Systeme behandeln wir im Zusammenhang mit den dazugehörigen meditativen Systemen.

Buddhismus

Der Buddhismus ist vor 2500 Jahren als Gegenbewegung zum damals selbstherrlichen Hinduismus entstanden. In Indien herrschte der Buddhismus besonders zwischen 500 vor und 1000 nach Christus, wo er zwischenzeitlich Staatsreligion war. Er wurde vom Hinduismus verdrängt, gegen den er zuvor als Reformbewegung erfolgreich war. In Asien ist der Buddhismus heutzutage besonders in Thailand und Malaysia verbreitet. Als soziale Reformbewegung gewinnt er auch in Indien und der ganzen Welt wieder an Boden.
Wer war Buddha, den wohl jeder zumindest von Abbildungen her in sitzender Meditationshaltung kennt? Er war ein nepalesischer Prinz mit Namen Siddhartha Gautama, der von 543 bis 480 vor unserer Zeitrechnung lebte. Unser Jahr 2000 ist für die Buddhisten das Jahr 2543. Die Überlieferung besagt, dass Siddhartha Gautama von Erkundungsfahrten in seinem Land vom dortigen Elend der Kranken und Gebrechlichen derart erschüttert war und zum Mitleidenden wurde, dass er

fortan weltlichen Gütern entsagte. Mit 29 Jahren begab er sich auf eine sechsjährige Wanderschaft durch Indien, stets auf der Suche nach Weisheit und Erkenntnis, wie das Leiden in der Welt zu überwinden sei. Er suchte Erkenntnis mittels Askese und Yoga-Meditation. Berühmt ist der Bericht seiner Askese und Meditation unter einem Bodhibaum, wo ihm am 49. Tag die Erleuchtung zuteil wurde. Aus Bodhi und Budh entstand sein Religionsstiftername Buddha. Das Sanskritwort Budh bedeutet der Erwachte bzw. der Erleuchtete.

Seine Erleuchtung brachte ihm die 4 Wahrheiten vom Leiden und den 8-fachen Pfad zur Überwindung des Leidens. Auf Predigtreisen setzte er das „Rad der Lehre", das Symbol des Buddhismus, in Gang und gründete den Orden der buddhistischen Mönche.

Die 4 Wahrheiten sind:

1. *Die Wahrheit vom Leiden: Leidvoll sind Geburt, Alter, Krankheit und Sterben. Leidvoll enden alle Gefühle und sozialen Gemeinschaften.*
2. *Die Wahrheit von der Entstehung des Leidens: Leidenserzeugend sind der Durst bzw. die Gier nach Sinneslust, Erzeugen und Vernichten. Die Taten häufen Karma, das sind Ergebnisse der Taten an, die Wiedergeburt notwendig machen.*

Im Gegensatz zum Hinduismus kommt es nicht zum Weiterleben einer ewigen Seele, sondern zur Initialzündung eines neuen Lebens, vergleichbar mit dem Anzünden einer neuen Kerze beim Verlöschen der zündenden Kerze.

3. *Die Wahrheit von der Aufhebung des Leidens: Den Durst bzw. die Gier kann man vollständig durch Gleichmut auflösen.*
4. *Die Wahrheit von dem zur Aufhebung des Leidens führenden Weg oder: Die Wahrheit vom edlen Weg: Das ist der Mittlere Weg zwischen Leid und Lust, der Erlösungsweg oder Weg der Befreiung, der als achtfacher Pfad beschrieben wird: 1. rechte, d.h. glaubensentsprechende, aufrechte Sicht, 2. aufrechte Gesinnung, 3. aufrechtes Reden, 4. aufrechtes Handeln, 5. aufrechte Lebensführung, 6. aufrechtes Bemühen, 7. aufrechte Achtsamkeit, 8. aufrechte Konzentration.*

Der aufrechte, glaubensentsprechende Weg beruht auf den Axiomen, den Grundannahmen des Buddhismus von der Leidhaftigkeit der menschlichen Existenz und der Wiedergeburten bei Karma-Anhäufungen. Der Buddhismus ist in seiner ursprünglichen Form lustfeindlich, was nur nebensächlich mit Reaktionen auf den Tantrismus zu tun hat.

Es geht um Vernichtung des Leidens und um Verlöschen des Durstes, d. h. der Lebensgier. Der achtstufige Heilsweg kann auf unterschiedliche Art begangen werden: als asketische Zucht oder als meditative Versenkung mit dem Ziel der erlösenden Erkenntnis.

Die erlösende Erkenntnis bzw. die Erleuchtung stellt sich ein, wenn der Betroffene das Karmagesetz erkennt, frühere Geburten und die vier edlen

Wahrheiten erkennt und durchdrungen hat. Dann wird Selbstentäußerung und die Loslösung von Sansara, d.h. von den Wiedergeburten möglich. Der Übergang ins Nirvana, nach buddhistischer Auffassung ins Verwehen, ist offen. Nirvana als Befreiung von Sansara wird als friedvolles, beständiges Glück bezeichnet, welches in dieser Festlegung im Leben tatsächlich nicht erreichbar ist.

Der Buddhismus wollte als tolerantes Gegengewicht zum Hinduismus wirken, was er teilweise erreicht hat: Er wandte sich gegen die hierachisch aufgebaute brahmanische Priesterschaft und deren Belohnungsriten. Er wandte sich gegen die Überstrapazierung von Gott z. B. als Kriegsgott und gegen Götter überhaupt. Er wandte sich gegen religiöse Geburtsrechte und Kastenwesen. Er wandte sich gegen Genussstreben. Genuss gab es im Hinduismus als Dank der Götter oder als Belohnung für gute Taten.

Der Buddhismus definiert die Gegenposition als Toleranzhaltung: keine Belastungen der Religion und der Menschen durch Hierarchien und Götter; keine Herkunftsbedingungen; kein Haften an Vergänglichem; kein Streben nach ewiger Materie oder ewiger Seele.

Programmatischen Ausdruck finden diese Verneinungen in den positiv ausgedrückten Vier Wahrheiten und im Achtfachen Pfad der Erlösung. Da sie aus Gegenpositionen entstanden sind, waren neue Extreme wahrscheinlich schwer zu vermeiden.

Psychologischer Hintergrund

Die östlichen Religions- und Meditationsysteme sind für den Westler attraktiv, weil sie als altbewährt erscheinen und er dem für ihn bislang Unbekannten eine geheimnisvolle Kraft beimisst. So erwartet er von den östlichen Systemen die Erfüllung bisher unerfüllter Gedanken und Sehnsüchte.

In unserem Sprachgebrauch ist östlich auf Asien bezogen und fernöstlich auf Südostasien. Osten haben wir bis 1990 mit dem Kommunismus verbunden, der mit Einschränkungen versehen als eine Ersatzreligion gesehen werden kann. Mit „fernöstlich" verbanden die meisten bis vor wenigen Jahren etwas unfassbar Geheimnisvolles. Mit zunehmendem Tourismus in den Fernen Osten schwindet das Geheimnisvolle der Religion mehr und mehr. Religion und Meditation bleiben aber weiterhin unbekannte Wesenheiten. Die Reisenden berichten von Luxus-Bungalowanlangen und manche von bitterer Armut der Bevölkerung. Das einheimische Essen sei dafür aber ausgesprochen preiswert. Gute Hotels böten auch europäische Küche. Da wisse man, was man bekommt. Bei den ausländischen Namen wisse man ja nicht so recht, was einem widerfährt, und man wolle ja keinen Reinfall erleben. Mit solchen oder ähnlichen Wendungen wollen uns manche Landsleute den Osten erläutern. Sie haben nichts vom Land und seinen Menschen begriffen. Die Geschichte des Landes, die sozialen und psychologischen Zusammenhänge sind ihnen fremd geblieben, Meditation in Tempeln oder in der Natur ist kaum jemandem

begegnet oder wurde fehlgedeutet. Es ist zu bedauern, dass durch die hektische Erlebnis- und Erholungssucht mancher Mitbürger auch der ferne Osten in ein schiefes Licht gerückt ist.
Die Religion hat in Asien auch heute noch einen prägenden Einfluss auf das Alltagsverhalten der Menschen. Der Hindu achtet die Mitmenschen und alle Lebewesen, er kennt aber kaum Nächstenliebe. Das hat zur Folge, dass sich die Hindus reserviert den Mitmenschen gegenüber verhalten. Ein zugewandtes Lächeln ist äußerst selten. Die Hindus sind nicht unfreundlich, leben aber eher in sich selbst zurückgezogen. Ganz anders begegnen einem die Buddhisten. Diese sind meist freundlich und zugewandt. Sie lächeln viel, die Kinder spielen fröhlich, im Gegensatz zu Hindukindern, die viel herumsitzen oder umhergehen. Wie ist das zu erklären? Liegt es an den Ländern? Sind die Inder unfreundlicher, weil sie in Indien leben? Sind die Nepalesen und Thailänder zugewandter, weil sie in diesen Ländern leben? Das wäre eine mögliche Erklärung, wenn die Länder oder die landschaftlichen Gegebenheiten stark unterschiedlich wären. Das ist jedoch nicht der Fall. Die Unterschiede im Umgang miteinander werden gleich hinter der Grenze deutlich. Nach dem Überschreiten der indischen Grenze fällt die Freundlichkeit der Nepalesen auf. Wie schon angedeutet, kann das nur mit religiösen Prägungen zusammenhängen. Der Hindu sieht sein Ziel im mystischen Einswerden mit dem Universum. Zur Erreichung dieses Ziels ist er nicht auf Mitmenschen angewiesen. Sein Blick ist daher nicht so stark nach außen, sondern mehr nach innen ge-

richtet. Für den Buddhisten ist Mitmenschlichkeit ein hoher religiöser Anspruch. Mitmenschlichkeit führt zu Karmasteigerung. Die praktische Lebensphilosophie der Buddhisten scheint zu sein: lieber kein Leidensweg, sondern ein Hoffnungsweg, der zu Glücksempfindungen führt (vgl. Abb. 20 auf Seite 200: Meditative Systeme). Asketen, die den buddhistischen Leidensweg gehen, gibt es kaum noch. Weiß angemalte und farbig gekleidete Asketen sind heutzutage eher auf Bakschisch aus, als durch Askese zur Erleuchtung zu gelangen. Sie erfreuen das Auge des Touristen. Ihnen macht es Freude, bestaunt zu werden. Zurückgezogen lebende echte Asketen sind sehr selten. Der von Buddha gelehrte Weg der Askese ist für die heutigen Buddhisten kaum attraktiv. Hunger könnte zur Askese zwingen. Ein solcher Weg wäre jedoch ein unfreiwilliger. Die freie Selbstbestimmung ist dem Buddhisten wichtig. Zudem hat Buddha die Erleuchtung nicht auf dem asketischen Wege, sondern auf dem meditativen Wege erreicht. Für die praktisch denkenden Buddhisten ist das Drehen von Gebetsmühlen der einfachste meditative Weg. Die Mandalameditation und die Buddhaverehrung erfordern einen ruhigen Ort, der oft nicht zur Verfügung steht. Die massive Landflucht hat zu diesem Mangel beigetragen. So gehören von den 1000 Millionen Indern heute 30% zu den Ärmsten der Welt. Auf diesem Hintergrund hat es der Buddhismus schwer, Fuß zu fassen. Ein Hoffnungsweg braucht in der Praxis wenigstens eine minimale Grundlage. Trotzdem sind viele vom hoffnungsfrohen Buddhismus innerlich geprägt.

Die kastenzugehörigen Hindus haben es etwas leichter: Allein die Kastenzugehörigkeit ist ein Privileg, das eine psychologische Existenzgrundlage bietet. Da es viele Kastenlose gibt, ist selbst die Zugehörigkeit zur untersten, der vierten Kaste etwas Besonderes.
Madan Rawat gehört der 4. Kaste an. Mit Stolz spricht er davon. Er ist 28 Jahre alt und lebt in Agra. Er verehrt seine verstorbene Mutter, die ihm einen wichtigen Leitsatz mit auf den Lebensweg gegeben hat: „Sei nicht eitel!" Das habe ihn seine Mutter gelehrt und er sei ihr dankbar, dass sie ihm das mit auf Lebensweg gegeben habe. Madan Rawat ist bekennender Hindu. Er spricht mit seinem Leitsatz Grundforderungen des Glaubens an. Der Hindu soll ein bescheidener Mensch sein, die Wahrheit in sich selbst sehen und den Anderen nicht als Spiegel benutzen. Diese Lehren seien das wichtigste, was ihm seine verehrte Mutter mitgegeben habe. Dieses Vermächtnis helfe ihm, sein Karma zu vermehren. Er spricht es wie „Kamra" aus. Ob es schwer sei, nach diesen Regeln zu leben? Nein, das sei nicht besonders schwer. Er lebe aber wenig danach, weil das alltäglich Leben anders sei. Er hat sich auch mit dem Christentum befasst und achtet es, weil das Christentum Nächstenliebe lehrt. Nächstenliebe fehle dem Hinduismus. Er vermutet, dass die Christen diesen hohen Wert selten leben, weil auch ihr tägliches Leben wahrscheinlich anders als erwartet ist. Jedenfalls spüre er bei den Christen, die Agra besuchen, wenig von Nächstenliebe. Die Christen bewundern die islamischen Baudenkmäler und meinen, sie hätten etwas von Indien gesehen. Da-

bei haben sie Fremdkörper in Indien gesehen, nämlich die Prunkbauten der islamischen Eroberer. Die meisten indischen Bauten haben sie zerstört. Im Mutterland des Hinduismus und des Buddhismus haben sie die meisten hinduistischen Tempel sowie die buddhistischen Rundbauten, die Stupas, zerstört. Die vor 1000 Jahren im abgelegenen indischen Ort Khajuraho geschaffenen Tempel haben sie nicht gefunden, dadurch sind diese Baudenkmäler noch erhalten. Sollen wir froh sein, dass heutzutage nur wenige Besucher dort zu finden sind? Den Baudenkmälern tut es gut, dem Indienbild der Touristen nicht, da sie nur wenig original Indisches zu sehen bekommen. Die altindischen Bauwerke sind größtenteils Gott Shiva geweiht und teilweise zum Himalaya, zum heiligen Berg Kailasch hin ausgerichtet. Mit solchen Details wollen die Fremden sich eh nicht befassen. Wahrscheinlich verstehen die wenigen Betrachter die Reliefs der tantrischen Vereinigungsszenen an Tempeln auch falsch. So sollten sie besser den islamischen Taj Mahal bestaunen. Dort ist es nicht so schlimm, wenn sie das Grabmal als Moschee missdeuten. Das ist allemal besser, als die britischen Kolonialprachtbauten in Dehli als Architektur des neuen Indiens zu loben. Da irritiert die Touristen nicht einmal der Triumpfbogen für die getöteten britischen Soldaten. Die vielen Obdachlosen werden jedenfalls aus den weitläufigen, parkähnlichen Anlagen um die Prachtbauten herum herausgehalten. Die schlafen auf den Gehsteigen von Alt-Dehli, wo auch die übrige Bevölkerung lebt.

Der Leser mag diese Darstellung als sarkastisch bezeichnen. So ist sie auch gemeint. Der gläubige Hindu sieht sie anders. Er hält sich an die Bhagavadgita, die heilige Schrift der Hindus, in der es heißt: Der Mensch findet Ruhe, wenn er „befreit von Freude und Abscheu" ist. Diesen Satz scheinen gläubigen Hindus und die meisten der hinduistisch geprägten Inder zu beherzigen. Die sichtbare relative Freudlosigkeit, aber auch Leidlosigkeit der Bevölkerung legt diesen Schluss nahe.

Man könnte meinen, ein Volk mit solchen Leitlinien sei leicht zu handhaben. Solange die Menschen aus der Religion heraus leben, trifft das wohl zu. Materielle Güter sind unwichtig, Kranke oder Verstümmelte erregen keine Abscheu, aber auch kein Mitleid. Gott Krishna definiert den ausgeglichen Menschen so: Er hat alles Verlangen verworfen. Er ist erfüllt in sich und durch sich. Und die Bhagavadgita kommt zur Schlussfolgerung: Wenn die Ruhe kommt, geht die Sorge. Dies klingt so ähnlich wie der amerikanische Euphoriespruch von Carnegie: Sorge dich nicht, lebe! Carnegies Satz führt aber eher zum Konsumtempel, Krishnas Satz führt eher zum Hindutempel. Nun ist der Weg zum Konsumtempel leichter, was einen gläubigen Hindu aber nicht beeindruckt. Er geht mit Krishna oder Vishnu den Weg der Meditation. Aber was ist mit den vielen Halbgläubigen oder Ungläubigen? Ihnen wird die Elitereligion des Hinduismus vorenthalten bzw. ihnen wird Religion verordnet, wie seinerzeit vom Buddhismus und vom Islam. Gegen Verordnungen wehrt sich der Mensch. So sind Islam und

Buddhismus, nachdem Letzterer Staatsreligion war, im Mutterland der Weltreligionen bedeutungslos geworden. Der Hinduismus als Religion für Auserwählte konnte sich halten, da er sich als etwas Besonderes darstellt und deshalb als erstrebenswert gilt.

Trotzdem ist für Gläubige und Ungläubige das tägliche Leben anders, als es die Religionsphilosophie sieht. Im Alltag werden die ethischen Leitsätze auf harte Proben gestellt. Vor allem sind es die westlichen Einflüsse, die den Menschen zu schaffen machen. Da sind die Touristen mit ihren prall gefüllten Geldbauchläden, die Reichtum, Freiheit und Unabhängigkeit der Westler suggerieren. Manche verletzen religiöse Empfindungen, indem sie in Shorts oder Trägerhemd herumlaufen. Manche Touristen, die als unberührbare Kastenlose gelten, versuchen sich Eintritt in die nur für Hindus zugelassenen Tempel zu verschaffen. Sie tun dies ungestraft, weil die Kastenangehörigen sie als beschränkte Exoten betrachten. Die Glaubenszweifler und Nichtgläubigen machen den Verkauf von Buddhastatuen und Om-Anhängern zu ihrem Lebenserwerb und suchen so die Bauchläden der Fremden zu erleichtern. Wie empört sind aber die Fremden, wenn ihr Geldadel mal nicht funktioniert und in einem Restaurant Kastenangehörige bevorzugt bedient werden. Hier hätte der Fremde die Möglichkeit, die hautnahe Erfahrung der verbreiteten Kastenlosigkeit nachzuvollziehen. Aber soweit will sich kaum jemand in die Gefühle der Einheimischen hineindenken. Ob man bestimmte religiöse Zusammenhänge gutheißt oder nicht, ist eine andere Frage. Verste-

hen wäre der der erste Schritt zur Verständigung. Gedankenaustausch oder Aufbegehren gegen religiöse Diskriminierung wäre ein nächster möglicher Schritt. Aufbegehren gegen die Kastenordnung ist bei den Kastenlosen stärker verbreitet, als man vermuten möchte. Allerdings braucht es viel meditative Gelassenheit, um das von den Indoariern vor 3500 Jahren bereits vor der Existenz des Hinduismus eingeführte Kastensystem langsam zu verändern. Der Einzelne hat da kaum eine Chance. Einem kastenlosen Politiker ist viel Gleichmut und Selbstlosigkeit zu wünschen. Das „Staatsbegräbnis" für Mutter Theresa unter Beteiligung des Volkes war ein Schritt in die Reformrichtung. Hier wurde Nächstenliebe in einem Land demonstriert, das kraft Religion keine Nächstenliebe kennt.
Atman, die Selbstwerdung, ist das irdische Ziel, das mit einem ethischen Lebenswandel erreichbar ist. Der Nächste spielt dabei kaum eine Rolle. Gute Taten vermehren das eigene Karma. Gute Werke, die mit der Absicht der Karmavermehrung getan werden, rücken das Nirvana in weitere Ferne. Dieser Zusammenhang trägt zum distanzierten Erscheinungsbild der typischen Hindus bei. Besonders die Frauen erscheinen wenig zugewandt und in sich selbst zurückgezogen zu leben. Sie sind meist ernst, lachen kaum, sind aber nicht unfreundlich. Sie sind von zurückhaltender Neugier. Kann die exklusive Vierkastenreligion die Menschen derart formen und auch die Kastenlosen beeinflussen? Wenn sich alle um Atman bemühen, wäre es das erklärlich. Das religiöse bzw. meditative Bemühen ist jedoch kaum sichtbar. Ist

es so tief verwurzelt, dass es im Verborgenen wirkt?
Jedenfalls zeigen sich die hinduistisch geprägten Menschen in Nepal anders als in Indien: Sie sind offen, freundlich, weltzugewandt und lachen gern. Wie ist das zu erklären, was ist anders in diesem Land? Abgesehen von der Freundlichkeit der Menschen finden wir zunächst nur Parallelen: Das Volk ist genauso arm, die Bevölkerungsdichte und das Bevölkerungswachstum sind ebenso groß, der Erfindungsreichtum zum Überleben ist ähnlich ausgeprägt.
Aber es gibt Unterschiede: Im Gegensatz zu den vier indischen Kasten kennen die Nepalesen ca. 200 Kasten. Jede Tätigkeit steht unter dem Schutz einer Kaste. Selbst für vorher Kastenlose ist es möglich, durch Engagement in den Schutz einer Kaste zu gelangen. Die Tätigkeit, die zur Kastenzugehörigkeit führt, braucht nicht dem erlernten Beruf zu entsprechen. Bei der hohen Berufs- und Arbeitslosigkeit würde das System nicht funktionieren, wenn es nur Berufskasten gäbe. Jedwede Tätigkeit ist gefordert, sei es als Sherpa, Wegweiser, Früchte- oder Andenkenverkäufer. Die meisten der möglichen Tätigkeiten erfordern eine Zuwendung zum Mitmenschen, ein Anbieten. So wenden sich die Nepalesen aus religiös begründeten, ansonsten praktischen Erfordernissen den Mitmenschen zu. Die Tätigkeiten, z.B. in der Schreib- oder Nähstube, sichern die Kastenzugehörigkeit. Ebenso sichert das bloße Angebot von Tätigkeit die Kastenzugehörigkeit. Dieses religiöse System, das sich auch meditativ unterstützen lässt, fördert die Zugewandtheit und Offenheit

der Bevölkerung. Diese Haltung ist nicht einfach aufgepfropft, sondern tief in den Menschen verankert, wie ihr herzlicher Umgang mit ihren Kindern zeigt. Die Mütter massieren die Babies von oben bis unten mit Öl ein. Sie sensibilisieren so das Kontaktorgan zum Mitmenschen, die Haut, auch bei Heranwachsenden durch Ganzkörperwaschungen. Im Gegensatz zu Indien spielen und lachen die Kinder häufiger miteinander. Auf vielen freien Plätzen stehen Schaukeln zur Verfügung. So beeinflusst Religion die Erziehung und das Wesen der Menschen. Ähnlich ist es im Buddhismus, der von seiner Lehre her dem Mitmenschen zugewandt ist.
Nun könnte man meinen, dass eine bereits durch Erziehung hervorgerufene Wesensveränderung auch ohne religiösen und meditativen Hintergrund funktioniert. Das mag für 1. und 2. Generationen zutreffen. Danach würde aber die weltanschauliche Basis für die bestimmte Art der Erziehung verlorengegangen sein. Die dann fehlende Basis würde wahrscheinlich durch eine neue Ideologie ersetzt. Die neuen Maximen würden wieder verinnerlicht und in der Erziehung weitergegeben. Die indischen Hindukinder sind ein Beispiel dafür: Sie sitzen meist still am Rande und schauen sich fast teilnahmslos das Geschehen um sie herum an. Es bedarf schon stärkerer Reize, um sie zu aktivieren. Aus den Augen der nepalesischen Kinder hingegen leuchtet das Leben.
Welche Schlüsse können wir für uns daraus ziehen? Auf jeden Fall diese: Weltanschauung hat einen prägenden Einfluss auf unser Verhalten und unser Sein. Es gibt Weltanschauungen, die in ih-

ren Konsequenzen vom Mitmenschen wegleiten, andere, die hinführen. Es gibt Weltanschauungen, die den Menschen passiv, andere, die ihn aktiv werden lassen.
Die meisten von uns sind in der glücklichen Lage, ihre Weltanschauung frei wählen zu können. Kein Glaubensdiktat zwingt uns zu einer bestimmten Sichtweise von Welt und Dasein. So sind wir auf der Suche nach dem geeigneten Weg.

Meditation im Westen

Schnitze dein Leben aus dem Holz, das du hast.

Sozialer Hintergrund

„Bist du ein Christ?" fragt ein Hindu nach einem längeren Gespräch seinen deutschen Gesprächspartner. „Ich bin aus der Kirchensteuer ausgetreten; so kann ich den Solidaritätszuschlag kompensieren", bekommt er zur Antwort. Nachdem er sich höflich nach der Bedeutung der fremden Begriffe erkundigt hat, fragt er unvermittelt: „Glaubst du an ein nächstes Leben?". „Ich bin mir nicht sicher", ist die Antwort. „Ich auch nicht", entgegnet der Hindu, „aber ich bin sicher, dass alles nach einem Plan abläuft. Zu dieser Einsicht kam ich beim Meditieren."
Wie ursprünglich im Osten steht auch im Westen Meditation im Dienste der Religion. Daher stellt

die Religionsgeschichte auch den sozialen Hintergrund der Meditation dar.
Wie nicht anders zu erwarten, konnte sich das Christentum damals wie heute vor allem bei Nichtgläubigen und Schwachgläubigen durchsetzen. Im gefestigten Judentum gab es massive Widerstände dagegen. Relativ leicht war die Christianisierung der Franken bzw. der Goten um 500, der Angelsachsen und Germanen um 600 n.Chr., wahrscheinlich weil deren Götter eher überholtarchaischen Ursprungs waren und bei den sich weiterentwickelnden Menschen an Anziehungskraft verloren hatten. Die Römer und Griechen veränderten das Christentum, nachdem sie ihren Widerstand dagegen aufgegeben hatten. Besonders die griechische Ethik lieferte die ethische Grundlage für das Christentum, allerdings nicht als einheitliches Gebäude. Dafür waren die Schulen der Stoiker, Platoniker und Pythagoräer zu unterschiedlich. Jedenfalls bekam die Religion einen griechisch-römischen Unterbau, sodass man sie ab etwa 250 n. Chr. als westlich ausgeprägte Religion bezeichnen kann. Unvereinbare Auffassungen und Verkrustungen führten später zu Kirchenabspaltungen und Glaubenskämpfen. Rechthaberei und streitsüchtiger Auseinandersetzungswille der Europäer begünstigten einerseits die Ausbreitung des auf Alleinvertretungsanspruch pochenden Christentums. Andererseits führten dieselben Eigenheiten zu Spaltungen und zu einer Häufung von Alleinvertretungsansprüchen. Für einen Buddhisten ist so etwas unbegreiflich. Der Christ macht es sich einfacher: Für ihn ist seine spezielle Glaubensrichtung die allei-

nig wahre. Orthodox oder reformiert werden zu schmückenden Beiworten für den universellen Wahrheitsanspruch.
Da nach den Schriften der Apostel weniger die Lehre und mehr Christus als Person in den Vordergrund gestellt wird, betrachten wir kurz seinen Lebenslauf und seinen Wirkungsgrad. Selbst wenn wir dabei keine Hinweise über Kontemplation oder Meditation finden sollten, können wir doch ein Mehr an Verständnis für den sozialen Hintergrund erwarten.
Jehoshua, Gottes Hilfe, genannt Jesus, geboren von Maria der Jungfrau, wuchs in Nazareth/Galilea auf. Er stammte aus einer Zimmermannsfamilie im römischen Besatzungsgebiet. Bis zu seinem 30. Lebensjahr führte er ein unauffälliges, jüdisch geprägtes Leben. Mit 31 Jahren wurde er von dem Propheten Johannes dem Täufer getauft. In lediglich zwei Jahren Wanderpredigt gewann er eine steigende Anhängerschaft, besonders wegen ihm nachgesagter Wundertätigkeit. In seiner Anhängerschaft verbreitete er seine gegen das verkrustete Judentum gerichtete Heilslehre. In seiner Lehre waren ihm die Beengtheit seiner Herkunft und die enge Auslegung des Alten Testaments durch die Pharisäer stets ein Hemmnis, ja sogar Ärgernis. So verspricht er den Armen (im Geiste) das Himmelsreich und den Reichen die ewige Verdammnis, sofern letztere keine Buße tun. Arm setzt er gleich mit gut, reich mit böse. Um differenzierte soziale Zusammenhänge kümmert er sich nicht. Er beschäftigt sich kaum mit kulturellen Zusammenhängen oder politischen Bedingungen des Judentums im römischen Reich. Er

predigt in eingängigen Bildern vom Erbarmen und von der Güte Gottes, von der Vergebung der Sünden, von der Auferstehung des Fleisches und vom ewigen Leben an der Seite Gottes. Da er als der Sohn Gottes um neue Gläubige wirbt, wird er wegen Ketzertum verurteilt und gekreuzigt. Seinen Kreuzestod hatte er vorausgesagt und sein Blutopfer mit dem Sinn der Erlösung der Menschheit verbunden. Nach Berichten seiner Anhänger ist er am 3. Tage von den Toten auferstanden und zu Gott-Vater in der Einheit mit Heiligen Geist heimgekehrt.

Das Christentum leitet aus dieser Geschichte ihr Glaubensbekenntnis und ihren alleinigen Wahrheitsanspruch ab. Den Gläubigen gehört das Himmelreich, den Ungläubigen die ewige Verdammnis. Diese Aussage kann bei Glaubenszweiflern zu massivem seelischen Druck führen. Zur Läuterung der Mühseeligen entwickeln sich in der Kirche Möglichkeiten zum asketischen Leben, besonders in Mönchsorden und kontemplativer Versenkung zur Versöhnung mit dem Heilprinzip.

Psychologischer Hintergrund

Für die gläubigen Christen ist es nicht einfach, die manchmal widersprüchlichen Aussagen ihrer Kirche miteinander in Einklang zu bringen. Soll er den Weg des Schwertes oder den der Nächstenliebe gehen? Warum wurden Adam und Eva wegen eines verbotenen Apfels aus dem Paradies verbannt? Warum wurden die Nachkommen von

Adam und Eva erlöst, nachdem sie Gottes Sohn getötet hatten? Wieso hat die Seele einen Anfang, aber kein Ende? Für den rational ausgerichteten westlichen Verstandesmenschen ist Unlogik ein unverdauliches Futter. Die Theologie bemüht sich daher auch, Unlogik soweit wie möglich durch Erklärungen auszuräumen. Da Erklärungen nur bis an die Verstandsgrenzen reichen, ist Glauben der grenzüberschreitende Weg. Beten religiöser Texte und meditative Kontemplation sind die Mittel der Grenzüberschreitung, die den verstandsbetonten und konsumorientierten Menschen heute schwerer fallen als früher. Erreichbarer Konsumüberfluss macht oberflächlich und gleichgültig. Unerreichbarer Konsumüberschuss macht habgierig und unzufrieden. Daraus ergeben sich keine guten Voraussetzungen für höhere Werte. Erst wenn die Betroffenen die geistig-seelischen Defizite bemerken, öffnen sie sich wieder für kontemplative Themen. Dazu stehen dem Westler östliche und westliche Philosophien, Religionen und Meditationen zur Verfügung, was allerdings zur Qual der Wahl führen kann. Unsere christliche Basis legt nahe, sich zunächst nicht den östlichen Möglichkeiten, sondern dem näherliegenden Christentum zuzuwenden. Jesus spricht: „Wie mich der Vater liebte, so liebe ich auch euch. Bleibt in meiner Liebe! Wenn ihr meine Gebote haltet, bleibt ihr in meiner Liebe..." (Johannes 14,9-10). Die 10 Gebote erinnernd stellen wir fest, dass die frohe Botschaft mit Forderungen verbunden ist: „Du sollst den Herrn, deinen Gott, aus ganzem Herzen, aus ganzer Seele und mit all deiner Kraft lieben!" (5. Moses 6,5) und „Liebe dei-

nen Nächsten wie dich selbst!" (3. Moses 19,18). So hieß es bereits im Alten Testament, schon damals mit Bezug auf das nahe Gottesreich.
Ein konkretes Mittel, um Gott näher zu kommen, ist das Herzensgebet. Das aus dem Herzen kommende Gebet schafft in kontemplativer Versenkung Nähe zu Gott.
Als Erneuerer hat Jesus die verkrusteten jüdischen Vorschriften für z.B. Sabbat und Fasten bereinigt und die Weisheiten des Alten Testaments in einfache und anrührende Gleichnisse gefasst.
„Wenn einer mir nachgehen will, der verleugne sich selbst, nehme täglich sein Kreuz und folge mir nach." (Lukas 9,23)
„Wenn dein rechtes Auge dir zum Ärgernis wird, so reiße es aus und wirf es von dir; denn es ist besser, dass eines deiner Glieder verlorengehe, als dass dein ganzer Leib in die Hölle geworfen werden." (Matth. 5,29)
„Seid also vollkommen wie euer Vater im Himmel vollkommen ist." (Matt. 5,48)
„Es wird Sodom und Gomorrha erträglicher ergehen am Tag des Gerichtes, als jener Stadt, die sich nicht bekehren lässt." (Matth. 10,15)
Die Zitate legen den Schluss nahe, dass es mehrere Wege zum ewigen jenseitigen Leben gibt: den Weg der Liebe und Kontemplation, den Weg der Demut und Unterwerfung, ja sogar den Weg des Schwertes und der Unterwerfung Andersgläubiger im Namen Gottes. Der Gläubige braucht in diesen verschiedenen Wegmöglichkeiten keinen Widerspruch zu sehen, sondern kann sich den zu seinem Naturell am besten passenden aussuchen.
Da die Welt endlich ist und das Jüngste Gericht

mit nachfolgendem Gottesreich oder Hölle nahe sind, bekommt der Faktor Zeit im Gegensatz zu den Religionen des ewigen Weltgesetzes eine hohe Bedeutung. Für den Christen ist das Diesseits kein Teil der Ewigkeit. Deshalb gerät er öfter in Zeitbedrängnis, wenn er merkt, dass die Zeit knapp wird. Dem auf der christlichen Basis lebenden Nichtchristen geht es nicht anders. Auch dieser lebt auf der Basis der Endlichkeit der Zeit. Außerdem wird Zeit oft mit Geld gleichgesetzt. Ein unruhiges, getriebenes, gehetztes Leben ist die Folge. Der Christ und der Antichrist schlucken dagegen Pillen, die keine Zeit kosten. Entspannungsübungen oder Meditation würden Zeit kosten. Und Zeit ist knapp. Der Christ hat allerdings die Möglichkeit, seine gottgegebene Zeit mit Nächstenliebe, Gebet und kontemplativer Versenkung nutzen. So kann er Optionen auf einen Platz im Himmelreich erwerben. Diese frohe Botschaft beinhaltet keine Absage an die Genüsse der Welt. Lediglich die 10 Gebote müssen beachtet werden, die leider meist als Verbote formuliert sind. Positive Leitbilder wie im Buddhismus wären effektiver. Du sollst nicht stehlen! heißt doch wohl: „Achte das Hab und Gut deiner Mitmenschen!“.
Freiheiten beinhalten leider auch Anfälligkeiten gegenüber allzu verführerischen Heilslehren. Die Menschen sind so geartet, dass sie spontan, also ohne viel nachzudenken, den vermeintlich einfachsten Weg gehen. Daher lautet die Heilslehre vieler Menschen: Geld regiert die Welt. Und: Geld macht nicht glücklich, aber es beruhigt. Nichtglücklichsein wird nun um des Beruhigtseinswillen in Kauf genommen. So arbeiten viele Westeu-

ropäer hart, um sich ein finanzielles Polster anzuschaffen. Die Verführung durch die massive Produkt- und Dienstleistungswerbung schmälert immer wieder das Polster, sodass keine Beruhigung eintritt. Über die Waren, die man eigentlich nicht braucht, will keine Freude aufkommen. Falls das arbeitsfreie Wochenende nicht mit neuen Aktivitäten vollgestopft ist, bekommt unser Geldmensch die Möglichkeit zum Nachdenken. Das Nachdenken führt aber selten in die meditative Richtung, sondern zum Grübeln. Der Geldmensch beklagt sich über die Ungerechtigkeiten in dieser Welt und über die habgierigen Mitmenschen. Ohne für sich selbst ethische Maximen festgelegt zu haben, lamentiert er über die mangelnde Ethik der Mitmenschen. Deren Verhalten bezeichnet er als unchristlich. Sein eigenes christliches Wissen und seine christliche Prägung werden ihm jedoch nicht bewusst. Aufgrund seiner vorbewussten christlichen Verankerung erwartet er von seinen Mitmenschen christliches Verhalten, das ihm für sich selbst verborgen bleibt. In dieser fast tragischen Konstellation hilft vielleicht das Gespräch mit einem vertrauten Menschen, um die blinden Flecken zu beseitigen und den Blick nach vorne frei zu machen. Meditation kann auf diesem Wege auch weiterführen.
Besonders schwierig, den Weg zur Meditation zu finden, ist es für diejenigen, die ethische Grundsätze kennen, von anderen erwarten, dass sie sich danach richten, selbst aber bewusst dagegen verstoßen. Solche rücksichtslosen Machtmenschen verbreiten Kältegefühle und es ist ratsam, sie zu meiden. Nach schmerzlichen Irrwegen können

auch solche Menschen schließlich zu erfüllender Meditation finden. Sie haben nur einen längeren Weg vor sich, weil sie zunächst den Weg durch die emotionale Kälte gehen. Wenn sie nach manchen Enttäuschungen schließlich die eisige Leere in sich spüren, ist auch für sie der Weg offen, die Leere mit Meditation zu füllen.
Sind da noch die naturwissenschaftlich orientierten Atheisten. Um diese brauchen wir uns nicht zu sorgen. Sie haben eine Orientierung und erfahren über kurz oder lang, dass die bisherige Ausrichtung der Ergänzung oder Veränderung bedarf.
Wo aber finden wir im Westen Menschen, die meditieren? Es ist nicht ganz leicht, sie auszumachen, denn Meditation gehört nicht zu den gängigen westlichen Praktiken. Am ehesten finden wir sie im religiösen Bereich, nämlich in Klöstern und Kirchen. Tiefe Versenkung im Gebet ist eine Form der Mediation, die besonders von Mönchen gepflegt wird. Den westlichen Menschen ist die christliche Meditation fast verloren gegangen. Das Herzens- oder Jesusgebet musste in Russland erst wiederentdeckt werden. Die Westler bevorzugen die traditionellen östlichen Meditationssysteme. Wie ist das zu erklären?
Die Heilserwartungen an das traditionsreiche Unbekannte sind besonders ausgeprägt. Das bekannte weitverbreitete Christentum ist weniger attraktiv, weil die Heilsversprechungen des Christentums schwer nachvollziehbar sind und weil das Christentum im Alltag schwer lebbar ist. Wir hoffen, das möge bei den im Osten bewährten, für uns aber exklusiven, mythischen Systemen an-

ders sein. Ob die Hoffnung berechtigt ist, kann nur die Praxis zeigen.
Die bisher unbekannten Grundlagen für die Praxis und die ersten Praxisschritte bietet dieses Buch. Das Futter für den westlichen Verstandesmenschen wurde dabei nicht vergessen. Möge das Kopffutter sich in Bauchfutter verwandeln. Mögen wir lernen, mit dem Bauch zu verstehen. Mögen wir lernen, die neuen meditativen Erfahrungen nicht nur dem Kopf zur Verfügung zu stellen, sondern von innen her zu fühlen, zu begreifen, zu schwingen, zu leben.
In diesem Sinne ist auch das Rad der Erkenntnis zu verstehen, welches Buddha in Gang gesetzt hat. Denkanstrengungen und Erklärungssuche behindern die Erkenntnis, wie Hermann Hesse in seinem „Siddhartha“ eindrucksvoll zeigt. Wir kommen darauf zurück.
Ob Endlichkeit oder Ewigkeit des Daseins, ob unzufriedenes oder zufriedenes Leben: In der Meditation können wir unsere Wahrheit und unseren Weg finden. Unser jeweiliger Standort auf dem Weg ist ein vorübergehender. Die Entwicklung geht weiter. Gegen Festgefahrensein hilft experimentieren und meditieren. Tun wir etwas für unseren freien Lebens- und Energiefluss!

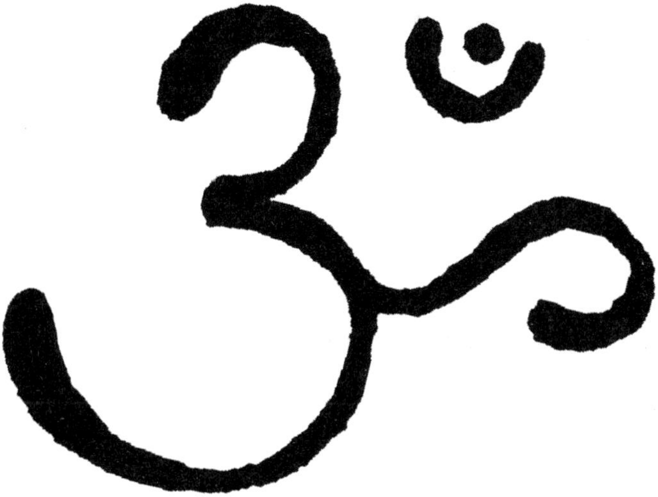

Abb. 2: *OM [mani padme hum]. (Das berühmte Mantra im originalen Schriftbild, gesungen z.B. vom Dalai Lama, s.S. 199)*

Meditationspraktiken

Meditationshaltungen

Ein bloßer Gedanke räumt noch keinen Stein aus dem Weg.

Körperhaltungen

Die Meditationssysteme bieten einige Unterstützungen an, die ihre meist religiös verankerten Ziele verwirklichen helfen. Dazu gehören die Körperhaltungen, die Versenkung fördern, und die inneren Einstellungen. Die Meditierenden nutzen diese und passen sie ihren Meditationszielen und ihrer Mentalität an. Genau das tun wir auch, wenn wir Praktiken des Ostens nutzen, um unsere Meditationsziele zu unterstützen. Wir benutzen diese, um Ziele wie Konzentrationssteigerung oder Entspannungsgefühle zu fördern. Den religiösen Hintergrund beachten wir entweder gar nicht oder werden zum vehementen Verfechter der neuen Lehre. Dieses Verhalten spiegelt die im Westen verbreitete Ganz-oder-gar-nicht-Haltung. Vorteilhaft ist sicherlich, sich klarzumachen, in welchem Zusammenhang bestimmte Praktiken angewendet werden. Dann fällt es leichter, östli-

che Praktiken zu verstehen und nachzuschauen, ob sie übertragbar sind bzw. im Dienste neuer Ziele einsetzbar sind.
Dieser Teil des Buches stellt das nötige Wissen zu Verfügung. Für die jeweilige Meditationsrichtung finden sich typische Praktiken, die jeder ideologiefrei erproben kann. Die vorgestellten Möglichkeiten sollen persönlich passen. Sie lassen sich den eigenen Bedürfnissen auch ohne größeren Aufwand anpassen.
Die Ausgangsbedingungen sind für alle Meditationsformen ähnlich, so dass wir hier eine musterhafte Einleitung vorstellen wollen, mit der wir die Meditationen beginnen können. Bei den einzelnen Meditationen lässt diese sich zusätzlich zur dort vorgestellten Einleitung nutzen oder als Alternative dazu verwenden.

Einleitung der Meditation

Wir suchen einen ruhigen Raum auf und sorgen dafür, dass wir in der nächsten Zeit möglichst nicht gestört werden. Wir machen uns klar, welche Störungen auftreten könnten, und beschließen, eventuelle Ablenkungsinhalte wie Wolken am Himmel vorbeiziehen zu lassen. Wir schaffen eine angenehme Atmosphäre, indem wir unsere Umgebung gemütlich gestalten. Eine Blume oder eine Pflanze in unserer Nähe unterstützt die Verbindung zur Natur. Eine Kerze oder eine Duftlampe mit ätherischen Ölen kann eine anheimelnde Stimmung schaffen. Es müssen keine Räucherstäbchen oder Gongs wie im Osten sein.

Ruhige Musik

Ruhegetönte Musik kann unterstützend wirken, was aber nicht bei jedem und nicht in jeder Situation der Fall zu sein braucht. Ausprobieren ist die passende Devise. Die Musik soll zur jeweiligen Stimmungslage passen und den gewünschten Aktivierungsgrad unterstützen. In der Meditation geht es nicht nur um Ruhe, sondern meist um aktives Suchen, Erkenntnisstreben und Sammlungskonzentration. Ein mittleres Maß an körperlicher und seelischer Entspannung ist zu Beginn der meditativen Aktivität förderlich.
Die untermalende Musik kann von Bach, Pachelbel oder Mozart bis zu Aeoliah, Buntrock oder Evans reichen, um nur einige Namen zu nennen. Konkrete Musiktitel sind im Anhang unter „Musik zur Meditationsbegleitung“ aufgeführt.

Die Übungshaltung

Die Übungshaltungen sind locker und entspannt. Je nach Meditationsart sitzen, liegen oder stehen wir während der Übungen. Für die Bewegungsmeditation im Tai Chi, teilweise auch im Zen und im Yoga nehmen wir eine lockere, aufrechte Ausgangshaltung ein. Die besondere Ausgangshaltung beim Tai Chi ist im Kapitel Bewegungsmeditation beschrieben. Die übrigen Meditationen führen wir im Sitzen oder Liegen durch. In der Liegehaltung liegen wir mit dem Rücken flach auf dem Boden. Die Arme liegen neben dem Körper, die Hände sind halb geöffnet. Die Handinnenflächen zeigen am besten nach oben – als Zeichen der Öff-

nung zum Höheren. Wenn etwas an der Haltung stört, verändern wir diese solange, bis wir uns wohl fühlen.
Die meisten Meditierenden bevorzugen die Sitzhaltung, weil man sich in dieser Haltung besser konzentrieren kann und Abschweifungen weniger häufig auftreten als in der Liegehaltung. Als Sitzmöbel wählen wir am besten einen Stuhl oder Hocker, aber keinen bequemen Sessel. Das hilft der Konzentration.

***Abb. 3:** Stuhl oder Hockersitz (© fred goldstein - Fotolia.com)*

Wir setzen uns bequem auf den vorderen Teil der Sitzfläche, richten den Oberkörper auf und sitzen gerade. Die Fußsohlen stehen flach auf dem Boden. Die Hände liegen auf den Oberschenkeln, am besten halbgeöffnet und mit den Handinnenflächen nach oben zeigend. Die Hände können sich auch berühren bzw. ineinander liegen. Die Daumenspitzen können zusammengeführt werden und über den übereinanderliegenden Handinnenflächen eine Brücke bilden. So entsteht eine abgerundete, gesammelte Händehaltung.
Sollte irgendeine Anleitung Widerstand oder ungute Gefühle hervorrufen, ist das ein Hinweis dafür, eine andere Haltung einzunehmen. Wer in der beschriebenen Sitzhaltung Rückenbeschwerden bekommt, kann sich auch auf der Sitzfläche weiter nach hinten setzen und den Rücken anlehnen. Zur Stabilisierung der meist geschwächten Haltungsmuskulatur wäre ein Rückentraining anzuraten.
Wer es muskel- und gelenkmäßig verträgt, kann wie die Asiaten im Lotossitz mit verschränkten Beinen auf dem Boden sitzend meditieren. Die meisten Europäer sind den Lotossitz jedoch nicht gewohnt. Deshalb sollten sie sich mit dieser Sitzhaltung nicht überfordern. Der japanische halbe Lotossitz ist für uns einfacher einzunehmen als der volle.

Abb. 4: *Vereinfachter Lotossitz (© HamsterMan - Fotolia.com)*

Wir setzen uns mit dem Gesäß auf eine handbreit zusammengefaltete Decke oder ein auf Kissen. Das anfangs ausgestreckte rechte Bein beugen wir im Knie an und ziehen es dann an den Körper heran. Danach beugen wir das linke Bein und legen es über das rechte Bein. Der Oberkörper ist aufgerichtet. Die Hände liegen mit den Handinnenflächen nach oben oder nach unten auf den Oberschenkeln. Die Hände sind geöffnet, Daumen und Zeigefinger können zusammengebracht werden, sodass sie einen gesammelten Kreis bilden.

Wir können auch, wie in der Zen-Meditation üblich, die Hände vor den Bauch legen. Die Handinnenflächen zeigen nach oben. Die Finger der linken Hand liegen auf den Fingern der rechten Hand. Die Daumenspitzen berühren sich und bilden eine Brücke. Mit den kleinen Fingern können wir uns z. B. am Hosenbund einen Haltepunkt suchen, damit die Spannung in den Oberarmen gelockert werden kann. Wem der halbe Lotossitz Mühe macht, der kann den leichteren Fersensitz einnehmen (s. Abb. 5).

Abb. 5: *Fersensitz mit Kissen (© Vasiliy Koval - Fotolia.com)*

Dazu knien wir uns auf den Boden und setzen uns anschließend mit dem Gesäß auf die Fersen. Auch hierbei können wir zur Erleichterung ein Kissen oder eine Decke zwischen Füße und Gesäß legen. Wir können auch eine Decke handbreit oder breiter zusammenrollen und wie einen Sattel zwischen Füße und Schenkel schieben und uns darauf setzen. Auch in dieser Variante achten wir auf die aufrechte Haltung des Oberkörpers. Der Brustraum ist frei, der Bauch ist gelockert. Der Atem kann ungehindert frei ein- und ausströmen.

Innere Haltung

Die innere Haltung soll aufrecht und wahrhaftig sein. Früher wurden nur besonders würdige Personen in die meditative Esoterik, die „exklusive Innenschau" eingeweiht. Esoterik galt als Geheimwissenschaft und Geheimlehre, in der überindividuelle Seinserfahrungen gefördert wurden. Die Esoterik wendet sich besonders an Menschen, die Innenschaudefizite haben. Das ist beim westlichen Menschen häufig so. Daher ist östliche Esoterik im Westen so attraktiv. Wegen der kulturellen Unterschiede wollen wir die Übungen der westlichen Mentalität so weit wie möglich anpassen.
Die Atemkontrolle ist ein altes östliches Mittel zur Stabilisierung der inneren erhabenen Haltung. Da intensive Atemkontrollen, wie Anhalten des Atems, zu Atemstörungen führen können, verzichten wir hier auf solche Techniken.

Wir unterstützen vielmehr den freien Fluss der Atmung und gelangen so zur Aufrichtung im Organismus und zur inneren Aufrichtigkeit. Dabei spüren wir das Auf-und-Ab der Atmung im Bauch, im Brustraum und bis in die Flanken hinein. Wir lassen das Einatmen geschehen und unterstützen das Ausatmen mit einem gedachten Begriff wie *ruhig* oder *danke*. Wir können das Atmen mit Bildern verknüpfen, indem wir uns dabei z.B. auf eine sanfte Meeresbrandung einstellen. Der Atem fließt dann ein und aus, hin und zurück wie die Wellen. Die meisten Meditationssysteme messen der lebensspendenden Atmung eine hohe Bedeutung bei. Wir werden öfter darauf zurückkommen.

Zur Förderung der inneren Sammlung kann es hilfreich sein, mit der Fixierung eines Objektes wie einer Vase oder von Kerzenschein zu beginnen. Die Augen sollen sich dabei nicht bewegen und der Lidschlag möglichst unterbunden werden. Wenn die Augenlider schwerer werden und Bilder nach einiger Zeit verschwimmen, können wir die Augen schließen und die Bilder oder Vorstellungen vor dem inneren Auge weiterverfolgen.

Das wohlverstandene Innere Auge ist das sogenannte Dritte Auge. Es ist der Abbildungsbereich für innere Bilder und liegt etwas oberhalb der Augen im Kopfinneren. In der Versenkung wenden wir die Aufmerksamkeit auf den Bereich des Dritten Auges. Wir stellen uns darauf ein, auf diesen Punkt nicht von außen, sondern aus dem Kopf heraus zu schauen. Trotz oder wegen der geringen Distanz zwischen Schauendem und Drittem Auge

können deutliche und persönlichkeitsnahe Bilder entstehen.
Beim ersten Versuch erscheint uns der Bereich wahrscheinlich als dunkel. Vielleich ist er mit grau-schwarzen Nebeln oder anderen Schwaden durchzogen. Fühlen wir die Art der Ruhe an diesem Ort. Benutzen wir diesen Ort als Sammlungsort für die Meditation. Die Aufmerksamkeit wird mitunter zu Bildern des ersten und zweiten Auges abschweifen. Das lenkt zwar von der meditativen Versenkung ab, wir können aber von diesen Bildern einige auswählen und zum Inneren Auge mitnehmen. Die Formen oder Bilder bekommen in der ruhigen Umgebung meist eine veränderte Bedeutung. Es ist schon eine bewusstseinserweiternde Erfahrung, äußere Bilder am Ort der inneren Aufmerksamkeit zu betrachten. Sammlung und Achtsamkeit sind beglückende meditative Erfahrungen.
Bei den folgenden Formmeditationen ist es sinnvoll, nach der konkreten Formbetrachtung die Form möglichst im dritten Auge zu sehen. Wir können auch die Atmung mit der Form verbinden, indem wir beim Ausatmen die Umrisse der Form sehen und beim Einatmen eine ausgefüllte Form zu sehen versuchen.
Die genannten Möglichkeiten lassen sich vollständig oder teilweise bei der Einleitung von meditativer Versenkung nutzen. Bei den folgenden Meditationspraktiken sind die Einleitungen meist kurzgehalten. Sollte es beim Meditationseinstieg Schwierigkeiten geben, lässt sich der Einstieg mit den hier und an anderen Stellen genannten Möglichkeiten erleichtern.

Meditationshindernisse

Meditation ist geistig-seelische Versenkung. Meditation ist Erfahrung der inneren Wirklichkeit. Nun kann es vorkommen, dass die innere Wirklichkeit sich mit der bewussten äußeren Wirklichkeit nicht verträgt. Dies kann bei Fehleinschätzungen der Realität oder bei Fehlinterpretationen von Erlebnissen geschehen. Wenn widerstreitende Erlebnisse sich im weiteren Meditationsverlauf nicht glätten, ist anzuraten, einen Meditationslehrer oder Diplom-Psychologen zurate zu ziehen, um die Schwierigkeiten zu bereinigen. Meditation ist kein Mittel zur Bearbeitung psychischer Störungen. Mit Meditation lassen sich verfestigte seelische Fehlentwicklungen nicht aufarbeiten. Psychische Störungen können sich allerdings während der Meditation zeigen. In solchen Fällen können parallel zur Meditation die seelischen Schwierigkeiten bereinigt werden. Wenn dies in Eigenregie nicht gelingt, soll fachliche Hilfe genutzt werden.

Bei fortdauernder Überschätzung der eigenen Person bzw. des Ichs wird Meditation nicht funktionieren. Wenn jemand fast süchtig auf Versenkung in spirituelle Tiefen ist, dann sollte er sich mit seinem Meditationszwang an psychotherapeutische Fachleute wenden.

Nach diesen Hinweisen kann der praktische Meditationsweg beginnen.

Mandala-Meditation

Die symbolhaften Mandalas spiegeln die zeitlose Einheit des Seins.

Optische Meditation im Tantrismus

Der Tantrismus ist ein Sonderfall unter den meditativen Systemen, da er die Bildhaftigkeit und das konkret fassbare der Phänomene in den Vordergrund stellt. So wird das höchste Ziel, die Einheit, nicht nur in Bildmeditationen, sondern auch in geschlechtlicher Vereinigung gesucht. Dies ist ein für uns verblüffendes Beispiel für das einfache, handlungsorientierte Denken im Tantrismus. Um dem metaphysischen Ziel der Einheit näher zu kommen, geben sich die Tantriker der physischen Einheit hin. Die Betrachtung der tausendjährigen Vereinigungsreliefs an den Tempeln im indischen Khajuraho und im nepalesischen Kathmandu lassen beim westlichen Betrachter schwerlich den Gedanken an Meditation hochkommen. Bei tantrischer, einheitsorientierter Einstellung können die bildlichen Darstellungen jedoch die All-Einheits-Meditation anregen. Der Tantriker verwendet dazu gegenständliche Bilder oder abstrakte Mandalas.

Wir besprechen hier den Tantrismus als ersten Hintergrund eines meditativen Systems, weil er relativ einfach strukturiert ist und sich gut der Mandala-Meditation zuordnen lässt. Der Tantrismus ist die Lehre vom „Gewebe" des Daseins mit dem Ziel der Einheit. Er zählt nicht zu einer der fünf Weltreligionen: Hinduismus, Buddhismus, Taoismus, Christentum oder Islam. Er fußt jedoch im Hinduismus sowie im Buddhismus und hat später beide Weltreligionen beeinflusst. Marcus Allen hat einen Brückenschlag in den Westen versucht. Im Westen ist Tantra meist nur vom Begriff der tantrischen Liebeskunst her bekannt und wird oft missverstanden.

Nicht missverstanden, sondern in ihrer Tragweite nicht verstanden wird im Westen die Mandala-Meditation. Mandala heißt in der Grundbedeutung „Kreis". Wegen des geometrischen Aussehens der kreisförmigen und auch eckigen Mandalas erkennen nur wenige ihre meditative Tragweite. Die meditative Betrachtung geometrisch aufgebauter Grafiken mit Symbolgehalt ist im Osten weit verbreitet und nicht auf den Tantrismus alleine beschränkt. Solche Symbolbilder bezeichnet man als Mandalas oder Yantras. Beispiele für Mandalas befinden sich in diesem Kapitel.

Tantrismus – das Gewebe des Daseins

Der Tantrismus ist eine Ausformung des Buddhismus, die sich besonders in Tibet ausbreiten konnte. Er verbreitete sich dort seit dem 6. Jahrhundert unserer Zeitrechnung. Dem Buddhismus gelang es vorher nicht, in Tibet Fuß zu fassen. Die buddhistischen Lehren (Sutras) erschienen dem Naturvolk der Tibeter zu geistig-abstrakt, sie trafen bei der Bergbevölkerung Tibets auf wenig Verständnis. Erst als die Sutras in Tantras umformuliert wurden, konnte sich die Lehre als Tantrismus verbreiten. Der Tantrismus ist keine neue Religion,

sondern eine pragmatische Weiterentwicklung des Buddhismus mit Rückbeeinflussungen auf ihn und auf den noch älteren Hinduismus.
Der Tantrismus ist eine ganzheitliche Wahrheitslehre in neun Stufen mit den Zielen der Einheit, Transformation und Erleuchtung. Die Ziele und Stufen sind im Tantra niedergelegt. Tantra beinhaltet die Wahrheit des inneren Wesens, das Bewusstsein von Freiheit, das allumfassende Einssein mit sich, mit anderen und mit dem Universum. Die höchste Stufe ist das Geschenk der absoluten Vollkommenheit. Tantra ist das Bewusstsein, das Freiheit schafft und nichts ablehnt. Tantra bedeutet: Ich bin frei. Da der Tantrismus keinen intellektuellen, sondern einen sehr praktischen Weg zur Selbstfindung lehrt, nutzen die Tantriker sichtbare oder greifbare Möglichkeiten zur Verwirklichung des Tantra. Sie nutzen ihre Sinneskräfte und sprechen den Geist bevorzugt über den Sehsinn an. Sie verbildlichen religiöse Begriffe bzw. Vorstellungen und drücken das Wesen der Dinge in geometrischen Formen, den Mandalas oder Yantras aus. Dazu folgen später weitere Erläuterungen und Übungen.
Die Tantriker aktivieren mit ihrer ganzheitlichen Sichtweise auch die körperlichen Energien, die Kundalini-Energien. Somit ist der ganze Mensch angesprochen und gefordert. Dazu vollführen sie in der Meditation und bei rituellen Handlungen magische Gesten, Mudras genannt. Im sexuellen Tantra suchen sie auf körperlicher Ebene die allumfassende Einheit in der Vereinigung zu erfüllen. Diesen tantrischen Weg missverstehen die Westler meist gründlich, indem sie ihn als Porno-

graphie missdeuten oder als Sexualtherapie missverstehen.
Tatsächlich war es vor 1400 Jahren ein geschickter Schachzug des Tantrabegründers Padma Sambhava die wilden tibetischen Bergvölker in Verbindung mit Religion für sensible Körperwahrnehmungen zugänglicher zu machen. Gleichzeitig konnte er am Beispiel der körperlichen Vereinigung klarmachen, was er unter allumfassender Einheit verstand. Die Überlieferung sagt, Padma Sambhava, der Lotosgeborene, sei ein Schüler Buddhas gewesen. Da Buddha um 500 v. Chr. wirkte, müsste er 1100 Jahre alt gewesen sein, als er 600 n. Chr. den Tantrismus in Tibet einführte. Die bildhafte asiatische Sprache und der große geschichtliche Abstand führen zu solchen Ungenauigkeiten. Im genannten Fall liegt der Fehler beim Nachrechnen auf der Hand. In anderen Fällen ist es schwieriger, die Korrektheit der Überlieferungen zu überprüfen. So ist immer noch ungeklärt, ob der Tantrismus in Indien oder in Tibet entstanden ist. Aber für wen ist das von Bedeutung? Klar ist jedenfalls, dass der indische und tibetische Tantrismus sich wechselseitig beeinflusst haben. Um 700 n. Chr. blühte der Tantismus auch in Indien. Er verband sich mit dem Buddhismus und später mit dem Hinduismus zum tantrischen Buddhismus bzw. zum tantrischen Hinduismus. Beide benutzen auf dem meditativen Erkenntnisweg Mantra- und Mandalameditation. Die benutzten Hilfswerkzeuge beginnen alle mit M und werden deshalb die 5 M genannt: Madaya (Wein), Matsya (Fisch), Mamsa (Fleisch), Mudra (Energiezeichen) und Maithuna (Geschlechtsverkehr).

Wie wir wissen, waren Wein und Geschlechtsverkehr in der eher prüden indischen Gesellschaft von damals verpönt. Die Propagierung durch die Religion lässt sich als ein sozialpolitisches Steuerungselement verstehen, um der eher geistig orientierten Mehrheit der Bevölkerung mehr Sinnlichkeit zu vermitteln. Psychologisch gesehen wurden Tabuüberschreitungen und emotionale Grenzüberschreitungen erlaubt und straffrei erfahrbar gemacht. Religiös gesehen wurde das Ziel von Freiheit und ganzheitlicher Einheit gefördert. Im hinduistischen Tantra übernimmt Gott Shiva die Verbildlichung der Einheit. Shiva wird mit seiner Frau Paravati in mannigfachen geschlechtlichen Vereinigungen dargestellt. Shiva symbolisiert in der asiatischen Zwei-Einheit auch die eher zerstörerische, geistige, männliche Energie. Die Göttin Shakti repräsentiert die schöpferische, bewahrende weibliche Energie. Der männliche Gegenpart zu Shiva ist Gott Vishnu, der Erhalter. Er steht dem Zerstörergott entgegen. Zusammen mit dem Schöpfergott Brahma bilden Shiva und Vischnu die dreieinige Gottheit des Hinduismus. Vergleiche mit dem Christentum sind durchaus erlaubt. Das Getrenntsein der widerstreitenden Kräfte soll in der Vereinigung aufgehoben werden und eine mystische Einheit soll entstehen.
Diese Vereinigung der Kräfte ist auch den Menschen möglich. Im Zusammenspiel von Mann und Frau ist sie leichter zu erreichen als von einer einzelnen Person in deren Selbst. Mit und in der Meditation ist die Vereinigung der Kräfte jedoch auch in einer einzelnen Person möglich und erreichbar.

Tantra – das Erleben von Einheit

Im Tantra wird der praktische dem intellektuellen Weg vorgezogen, um so leichter das angestrebte Ziel zu erreichen. Das ins Auge gefasste Ziel ist Erleben von Einheit. Einheit ist wegen der widerstreitenden Tendenzen im Menschen stets nur punktuell zu erreichen, das heißt im jeweiligen Augenblick zu erleben. Dem Augenblick kommt im Tantrismus eine besondere Bedeutung zu. Das Erleben von Einheit ist eins der höchsten Ziele und nur kurzzeitig zu erleben. Die Betonung des Augenblicks darf nicht als Aufforderung zum schnellen Genuss missverstanden werden. Nur in einem Augenblick ist das Erleben von Einheit möglich. Ein Augenblick ist für uns eine sehr kurze Zeitspanne. Der Augenblick lässt sich jedoch auch als zeitlos erleben. Diese höchste Stufe der Zeitlosigkeit lässt sich in der sexuellen Vereinigung ebenso erreichen, wie in der Mandala-Meditation. Symbolhafte Mandalas spiegeln nämlich die zeitlose Einheit des Seins. Sie fördern damit Freiheit und Erkenntnis. Mandalas unterstützen so die tantrische Philosophie und Lehre.

Kritisch betrachtet ist mit Bewusstsein, das Freiheit schafft und nichts ablehnt, auch die Freiheit in Ketten gemeint, Unterdrückung erscheint akzeptabel. Die Freiheit kann auch zu Tabuüberschreitungen führen, mit allen Chancen und Risiken. Der Alkoholgebrauch war im indischen Tantrismus eine solche Tabuüberschreitung, die zum tantrischen Ritus dazugehörte und kaum die Freiheit der Wahl ließ. Die tantrische Freiheitsphilosophie kann jedoch nicht als totalitär bezeichnet werden. Die Grenzen der individuellen Freiheit liegen dort, wo das Ausleben der eigenen Freiheit Mitmenschen Schaden zufügen würde. Dieser durchaus demokratische Gedanke passt auch gut in unsere westliche Gesellschaft. Tabuüberschreitungen bei Alkohol und Fleisch sind im Westen nicht zu erwarten, da deren Genuss im Westen nicht tabuisiert ist. Die sexuelle Freizügigkeit kann im Westen falsch verstanden werden. Es fällt uns jedenfalls nicht leicht, sie im philosophischen Zusammenhang der umfassenden Einheit zu sehen.

Das Grundprinzip des Tantra lässt sich weitgehend übertragen: Bewusstsein, das Freiheit schafft und nichts Sozialverträgliches ablehnt. Die Gefahr, diese Maxime ideologisch zu missbrauchen, ist im Westen weniger groß als im Osten, weil im Westen die ökonomische und praktische Freiheit meist größer ist als im Osten. Ausreichende Ernährung ist natürlich sinnvoller, als sich über Selbsteinreden die Vorstellung ausreichender Ernährung auf nicht realem Hintergrund zu verschaffen.

Es ist weitgehend richtig, dass Vorstellung und Bewusstheit Wirklichkeiten schaffen. Wir kennen in diesem Zusammenhang den Ausspruch: Glaube versetzt Berge. Im Westen sind wir aber davon überzeugt, dass dieser Ausspruch Grenzen hat und Suggestionen einen realen Hintergrund haben müssen. Akzeptabel ist auch die Maxime: „Alles hat seinen Sinn“, wenn sie nicht fatalistisch benutzt wird, sondern zur Problembearbeitung oder zur Angstbewältigung eingesetzt wird. So bieten ärgerliche Gefühle dem Betroffenen die

Gelegenheit, sich damit auseinanderzusetzen, zu wachsen und zu reifen.

Der direkte Weg des Tantrikers

Der Tantriker stellt sich zunächst die Frage: „Was ist die Wahrheit über meinen momentanen Ärger?“ Er antwortet spontan mit den ersten Worten, die ihm dazu in den Sinn kommen. Ihm fallen Worte wie Blockade oder Behindern ein. Er weiß nun, dass Ärger ihn beeinträchtigt. Für unsere Ohren ist der dritte Schritt ungewohnt. Der Tantriker bedankt sich nämlich für die im wahrsten Sinne des Wortes „gefundene“ Antwort mit einem innigen „Danke“. Diese drei Schritte wiederholt der Tantriker so lange, bis er Klarheit gewonnen hat. Das Ergebnis seiner Entdeckung berichtet er einem Freund. Damit bringt er das Thema zum Abschluss.

Eine andere Möglichkeit, mit Widerwärtigkeiten fertig zu werden, ist die folgende. Der Tantriker führt sich das ungeliebte Thema schonungslos vor Augen, er springt bildlich gesprochen ins kalte Wasser und zwingt sich zur Konfrontation.

In Asien sind Parabeln sehr beliebt. Deshalb soll nun eine alte tibetische Geschichte des Lama Thartang Tulka den tantrischen Umgang mit verabscheuten Dingen verdeutlichen. Wie andere Texte lesen wir auch diesen Text langsam und aufmerksam.

„Durch die Wälder führt ein Weg. Ein undurchdringliches Dickicht giftiger Pflanzen wächst entlang des Weges, und an einer Stelle verschlingt es den Weg vollständig.

Ein Mönch kommt diesen Weg entlang. Er sieht die giftigen Pflanzen, dreht sich auf der Stelle um und geht in die andere Richtung weiter.
Dann kommt der Bodhisattva – der spirituell Suchende, der für die Erleuchtung aller Wesen wirkt – den Weg entlang. Er sieht, dass es keinen Weg um die giftigen Pflanzen herum gibt. Da bahnt er sich mutig und geschwind einen Pfad durch das Dickicht und geht auf dem Weg weiter.
Schließlich kommt ein tantrischer Yogi den Weg entlang. Er trägt äußerlich keine Zeichen spirituellen Interesses, anders als der Mönch und der Bodhisattva. Der Schüler des Tantra sieht das Gift und stürzt sich mitten hinein, auch wenn es ihn scheinbar vom Weg abbringt..." (Allen, S. 17f.)
Jeder der drei Wege ist gangbar. Der tantrische Weg ist der Weg der wahren Befreiung ohne Umwege und ohne Bestehenbleiben von Unsicherheiten oder Ängsten.
Eine weitere praktikable Möglichkeit der Auseinandersetzung mit wichtigen Themen besteht darin, Gedanken und Gefühle als Mandala und im Mandala auszudrücken oder den Gehalt von Mandalas zu meditieren.
Da die Mandala-Meditation im Westen noch weitgehend unbekannt ist, jedoch ein sinnvoller praktischer Meditationsweg ist, soll dieser Weg nun näher erläutert werden.

Mandalas – Diagramme des Kosmos

Mandala ist wie die meisten hier verwendeten für uns fremd klingenden Begriffe ein Wort aus dem indischen Sanskrit. Wir können den Begriff mit „Kreis“ übersetzen. Gemeint ist das in Kreisform gefasste Wesentliche des Lebens. Die verwendeten symmetrischen Muster spiegeln die zeitlose Einheit des Seins. Die Diagramme symbolisieren grundlegende geistige Zusammenhänge. Das Wesentliche wird in anschaulichen Symbolen, manchmal auch in konkreten Bildinhalten dargeboten. Die drei Grundsymbole sind Kreis, gleichseitiges Dreieck und Quadrat.

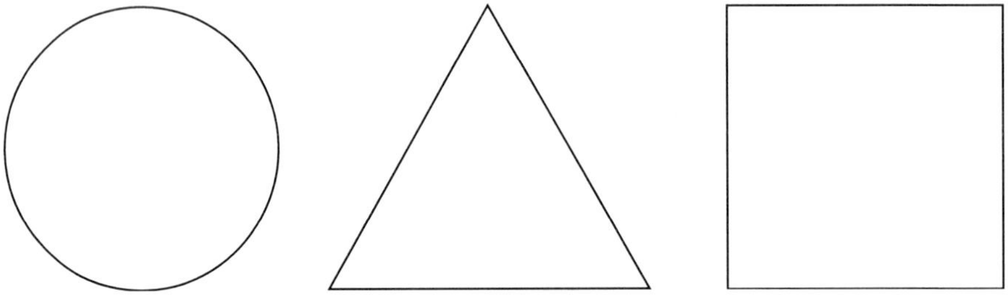

Abb. 6: *Die Mandala-Grundsymbole*

Die Bedeutungen dieser geometrischen Formen sind einerseits archaischer Natur und wie die Archetypen C. G. Jungs festgelegt, andererseits variieren die Bedeutungen je nach kulturellem Hintergrund und nach augenblicklichen Stimmungen. Betrachten wir die Kreisform und dann das Dreieck. Worin unterscheiden sie sich, was ist das Typische an ihnen? Auf der phänomenalen Ebene ist der Kreis rund/abgerundet, das Dreieck eckig/spitz. Auf der emotionalen Seite ist der Kreis weich/sanft, das Dreieck hart/kantig, das Quadrat fest/stabil. Abgerundete Formen werden dem Weiblichen zugerechnet, eckige Formen eher dem Männlichen. Diese Bedeutungen und Zuordnungen sind in allen Kulturen ähnlich. Im Buddhismus steht der Kreis wegen seiner vollendeten Form zusätzlich für Erleuchtung. Die Erleuchtung Buddhas soll bei einer Kreismandala-Meditation geschehen sein. Das Urmandala Kreis drückt allumfassende Einheit aus. Ein kleiner Kreis im größeren Kreis drückt kosmische Ganzheit aus.

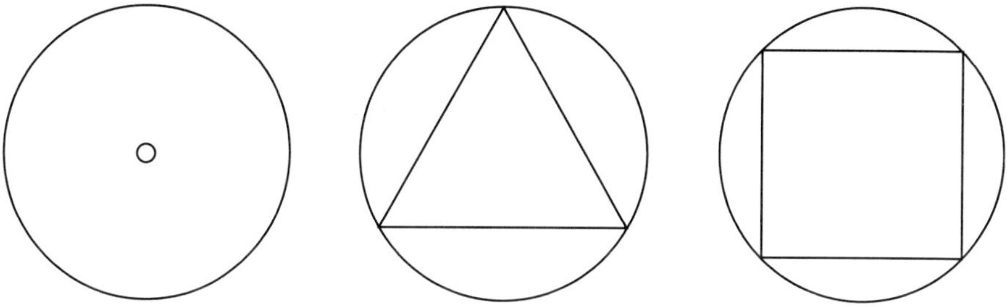

Abb. 7: *Umfassende Ganzheit im Kreis*

Dreiecke in einem Kreis haben je nach Anordnung unterschiedliche Bedeutungen. Das gleichseitige Dreieck im Kreis symbolisiert die Einheit von Körper, Geist und Seele ebenso wie die dreifaltige Gottheit. Die tantrische geschlechtliche Vereinigung kann auch mit diesem Symbol ausgedrückt werden. Möglicherweise unterstützte diese symbolische Parallele die hohe Bedeutung, die der Tantrismus der geschlechtlichen Vereinigung beimisst. Meist werden die weiblichen und die männlichen Elemente und deren Vereinigung folgendermaßen dargestellt:

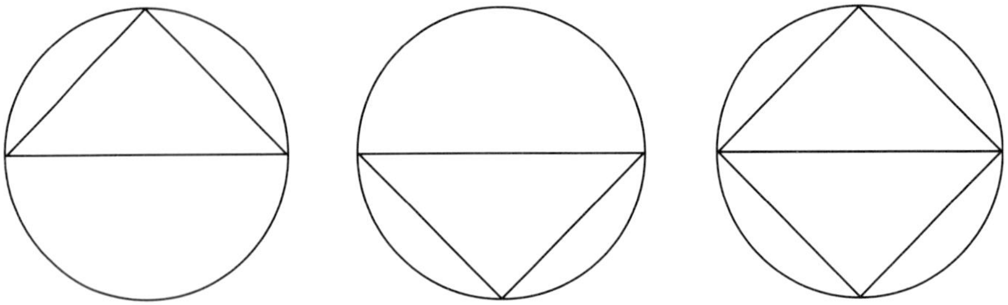

Abb. 8: *Männliche und weibliche Symbole*

Die Zusammenfügung des weiblichen mit dem männlichen Symbol ergibt im dritten Kreis ein auf der Spitze stehendes Quadrat. Dieses auf der Spitze stehende Quadrat hat lediglich ein labiles Gleichgewicht, das heißt, es ist flüchtig und nur für den Augenblick gültig.
Meist sind Mandalas aus mehreren Inhalten komponiert. Sie sind symmetrisch aufgebaut. Neben geometrischen Formen können sie auch Symbolfiguren wie Blume, Auge, Brücke, Flügel, Kreuz oder Sonne beinhalten, die in spiegelbildlicher Anordnung in das Mandala integriert sind.

Mandala-Praxis

Die Beschäftigung mit Mandalas war und ist in Asien besonders ausgeprägt, aber nicht allein auf den Osten beschränkt. Mandalas stellen ein universales Prinzip dar, sie sind die Grundstruktur des Universums und werden in allen Kulturen genutzt. Als Beispiele können wir uns den berühmten Maya-Kalender, die Anlage von Stonehenge, diverse magische Kreise oder die mandalaähnlichen Fenster der Kathedrale von Chartres oder vielen anderen Kirchen vor Augen führen. Mandalas sind so weit verbreitet, weil sie das evolutionäre Naturprinzip darstellen: die lebensspendende Sonne ist ein Mandala. Die Blüten der Pflanzen öffnen und zeigen sich zur Sonne hin als facettenreiche Mandalas. In der Aufsicht auf Blüten erkennen auch wir diese wunderbaren Mandala-Formen. Nicht ohne Grund schätzen die Asiaten die Lotosblume so sehr und verehren ihre Blüten. Der Lotosblüte entspricht bei uns die Blüte der Seerose.

Mandalas sind meist farbenprächtige Gebilde. Die hier vorgestellten einfachen Grundformen der Mandalas nennt man genau genommen Yantras. Ein Yantra ist meist einfarbig und einfacher gestaltet als ein Mandala. Der Begriff Yantra hat sich bei uns jedoch nicht eingebürgert, er ist auch verzichtbar.

Mensch – Denken und Gefühle

Der Yantrahinweis ist an unsere linke Gehirnhälfte, die fürs Denken zuständig ist, gerichtet. Forschungen haben gezeigt, dass sich Hirnprozesse immer aus rationalen und emotionalen Anteilen zusammensetzen. Die rationalen Vorgänge spielen sich in der linken, die emotionalen in der rechten Gehirnhälfte ab. Dies wäre in unserem Zusammenhang belanglos, wenn diese Beziehung keine weiteren Konsequenzen hätte. Das fundamentale Begreifen und tiefgehende Verstehen von Zusammenhängen wird nämlich durch die gleichzeitige Inanspruchnahme der linken und der rechten Gehirnhälfte gefördert. Die folgende Graphik soll uns dies verdeutlichen.

<table>
<tr><th>Linke Gehirnhälfte</th><th>Rechte Gehirnhälfte</th></tr>
<tr><td>Logisches Denken
Sprache
Analysieren</td><td>Gefühle
Optische Wahrnehmung
Phantasie, Kreativität</td></tr>
<tr><td colspan="2">Synthese:
Umfassendes Verstehen und Begreifen</td></tr>
</table>

Abb. 9: *Umfassende geistige Aktivität*

Der Neurowissenschaftler Uwe Ott hat bei Meditierenden bedeutsame Veränderungen in den Hirnarealen nachgewiesen. In unserer Gesellschaft wird hauptsächlich das analysierende Denken geschätzt, was leicht zu Kopfgeburten führt, wie sie Günter Grass einmal nannte.

Die Verbildlichung von Gedanken fördert das umfassende Verstehen. Das bloße Registrieren von Bildern oder Filmen genügt nicht und führt nicht zur Synthese. Der zu den Bildern gehörende Bedeutungshof soll sowohl geistig als auch emotional reflektiert werden. Ein Bild von Dürer oder Picasso können wir nur begreifen, wenn wir es mit allen Sinnen in uns aufnehmen. Erfolgreiche Werbung beachtet seit einiger Zeit die Denk- und

Gefühlssynthese, sie spricht die linke und die rechte Hirnhälfte gleichzeitig an. Sie betont den emotionalen Gehalt ihrer Botschaft, weil die Menschen zu sehr rational ausgerichtet sind. So schafft sie eine günstige Synthese. Dieses Vorgehen käme auch der eigenen Meditation zugute.

Der Weg in die Mandala-Meditation

Wenn wir uns mit Mandalas beschäftigen, ist ein Grundwissen über Symbole nützlich. Das Wissen soll aber nicht zum Analysieren führen. Sobald wir analysieren, wechseln wir nämlich einseitig auf die linke Gehirnhälfte und machen damit das Ergebnis linkshirnlastig. Um eine Synthese von Denken und Fühlen zu erreichen, betrachten wir das Bild aufmerksam, lassen es auf uns einwirken und nehmen es in uns auf.

Es ist hilfreich, sich auf die Mandalameditation entspannend vorzubereiten. Es ist nicht zu erwarten, dass die Vertiefung ins Mandala sofort klappt. Eine gelockerte Körperhaltung und eine entspannte Einstellung bereiten den Weg. Die nun folgende Anleitung soll uns auf dem Weg zur Mandala-Meditation begleiten.

Wir suchen einen ruhigen Raum auf oder wählen einen ruhigen Platz in der Natur. Es ist günstig, wenn die Orte mit entspannten Erinnerungen verbunden sind. Eine angenehme Atmosphäre können wir mit Kerzenschein oder mit Blumenduft unterstützen. Wenn es uns möglich ist, setzen wir uns im Lotossitz auf den Boden oder mit aufgerichtetem Oberkörper auf einen Stuhl. Die Hände liegen nach oben geöffnet oder mit sich berührenden Fingern im Schoß. Wir spüren, wie wir durch die Beine und die Füße mit dem Boden verbunden sind, geerdet sind. Es macht sich vielleicht ein feines Kribbeln bemerkbar. Es kann sich anfühlen, als ob wir mit dem Boden verbunden wären, als ob wir im Boden verankert wären. Es kann auch ein Eindruck entstehen, als ob Wurzeln in den Boden hineinwachsen würden.

Wir wandern nun mit der Aufmerksamkeit durch unseren Körper von unten nach oben. Im Bauch nehmen wir die Atmung wahr. Wir erleben, wie wir beim Einatmen Kraft aufnehmen und wie sie sich beim Ausatmen im Körper ausbreitet. Wie in einer Pflanze steigt die Kraft nach oben, andererseits wurzelt sie nach unten. Wir sind Teil der Natur.

Nun sind wir soweit, uns auf das Urmandala, den Kreis einzustellen. Eine Abbildung findet sich auf Seite 70. Die folgenden in dieser Schriftart gedruckten Texte sind Anleitungen für meditative Versenkungen. In Meditationshaltung nehmen wir die Texte nach und nach in uns auf. Wir lassen uns viel Zeit dabei.

Ich betrachte den Kreis oder sehe einen Kreis vor meinem inneren Auge. Ich nehme die vollendete Form in mich auf. Ich erlebe Ganzheitlichkeit. Ich erlebe Vollkommenheit. Ich ahne die Einheit allen Seins und den Kreisprozess allen Lebens. Ich spüre meine innige Verbundenheit mit der Natur. Ich bin in der Ganzheit.

Es ist möglich, wäre aber verblüffend, wenn solche tiefen Einsichten gleich bei der ersten Kreisbetrachtung aufträten. Wir sind bereits einen guten

Schritt vorangekommen, wenn wir erfahren haben, dass der Kreis nicht nur eine geometrische Figur, sondern eine vollendete Form ist, die auch Symbolcharakter hat. Mit diesem neuen Wissen wenden wir unsere Aufmerksamkeit zurück auf unseren Körper:

Ich erlebe meine Atmung und meine Herzschläge als kreisende Rhythmen. Ich bemerke meine Armhaltung, die einen Kreis andeutet. Meine Gedanken sind auf Kreise ausgerichtet. Meine runden Pupillen nehmen Kreisformen wahr. Ich bin in der Vollkommenheit des Kreises.

Die Abbildung der Kreise auf dem Augenhintergrund ist die gleiche wie vorher, trotzdem sehen wir in der Meditation wie mit anderen Augen. Wir sehen eine neue, tiefere Schicht der Dinge, wir erhalten Einblick in die Symbolebene und in die kosmische Ganzheit. Die Erfahrungen, die der Betrachter macht, sind für ihn bedeutungsvoll. Eine Liste, die die Bedeutungen von Mandalas aufzählt, als Meditationsvorlage zu benutzen, ist für den Einzelnen wenig hilfreich, da eine solche Liste nicht seinen persönlichen Bedeutungen zu entsprechen braucht. Die Bedeutungen, die der Betrachter nicht selbst erfahren hat, sind ihm fremd. Er sollte sie sich nicht überstülpen lassen, sondern seine eigenen Erfahrungen schätzen. Nur wenn die vorgegebenen Bedeutungen der Mandalagrundformen auf einen fruchtbaren Boden fallen, wenn innere Resonanz spürbar wird, sollten wir sie auch für uns selbst verwenden. Ansonsten vertiefen wir uns ohne eine Bedeutungshypothese in

die Form und sind offen für auftauchende Wahrnehmungen. Wir suchen auch nicht nach Worten für unsere Erlebnisse, das Erleben spielt sich auf der nonverbalen Ebene ab. Tauchen Bilder oder Begriffe auf, sind wir dankbar dafür. Wir können sie bei weiteren meditativen Einstellungen mitverwenden.
Gelingt es uns, durch Kreis, Dreieck oder Quadrat hindurchzugehen, sie zu transzendieren, sind wir für tiefere Erkenntnisse offen.
Wir konzentrieren uns nun nacheinander auf die Abbildungen in den Kreisen auf Seite 71 (Abb. 7) und sehen sie anschließend vor dem inneren Auge.

Ich betrachte einige Zeit lang den Kreis im Kreis. Ich spüre, wie ich mich in den Kreis vertiefe. ... Ich gehe durch den Kreis hindurch. ... Ich bin eins mit dem Kreis. ...
Nun betrachte ich das gleichseitige Dreieck im Kreis und nehme es als vollendete Form wahr. Ich vertiefe mich für einige Zeit in das Dreieck im Kreis. Ich bekomme eine Ahnung von der Absolutheit von Kreis und Dreieck. Ich bin offen für Veränderungen meiner Bilder und Vorstellungen.
Ich gehe über zum Quadrat im Kreis und konzentriere mich darauf. Ich erlebe die Festigkeit der Form. Ich vertiefe mich in die Form. Ich durchschreite die Form und bin neugierig auf die weitere Entwicklung.
Abschließend wende ich mich zu der Form, die zu den nachhaltigsten Erlebnissen geführt hat. Ich stelle mich noch einmal meditativ darauf ein. Danach beende ich meine Erkundungen und kehre zurück zum Hier und Jetzt.

Wir erleben im Kreis die Einheit, im Quadrat die Festigkeit und im Dreieck etwas von der Absolutheit. Das Dreieck spiegelt eine Drei-Einheit, die unter Spannung steht. Im Christentum wird die Dreifaltigkeit als Dreieck dargestellt. Bereits in älteren Kulturen erscheint das göttliche Auge im Dreieck. In Asien ist das gleichseitige Dreieck im Kreis das göttliche Symbol. In der Lehre von den Elementen steht das Dreieck für Feuer. Das mit der Spitze nach unten zeigende Dreieck steht für Erde, Erdverbundenheit, Mutter Erde, Weiblichkeit. Das Männliche wird dem Feuer-Dreieck zugeordnet. Die Aneinanderfügung der der beiden Dreiecke im Kreis stellt die Vereinigung von Frau und Mann dar, die im Tantrismus eine besondere, bereits besprochene Bedeutung hat (Vgl. Abb. 8 auf Seite 72).
Das Quadrat steht für Stabilität, Festigkeit, Ordnung und Rationalität. Es stiftet Festigkeit und kann für Kreis und Dreieck als Halt und Rahmen dienen. Das auf der Spitze stehende Quadrat hat mit seinem labilen Gleichgewicht die Tendenz, in Bewegung zu geraten.

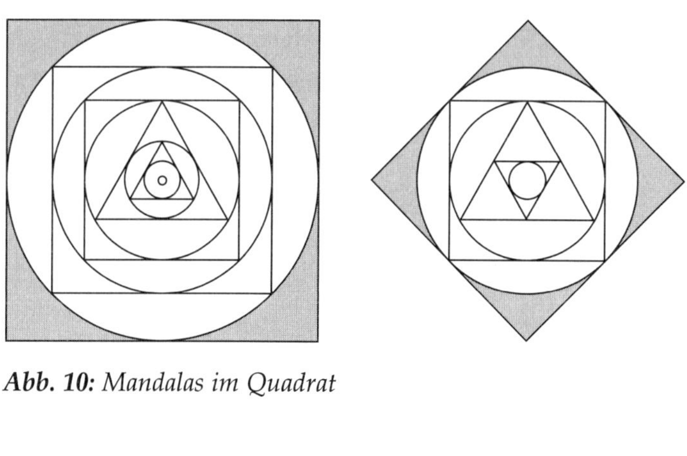

***Abb. 10:** Mandalas im Quadrat*

Ich stelle mich zunächst auf das erste und anschließend auf das zweite Mandala ein. Ich achte auf die Wirkung des einen und des anderen. Ich erlebe die unterschiedlichen Wirkungen.

Das auf der Spitze stehende Mandala ist besonders geeignet, Gefühle hervorzurufen und Erkenntnisprozesse auf den Weg zu bringen: Mit dieser Erläuterung hat unsere linke Gehirnhälfte wieder etwas Futter bekommen. Dies ist hier sinnvoll, um dem Verstand, der sich bei uns meistens nicht auf der Symbolebene bewegt, ein paar Anhaltspunkte für Übergänge in den emotionalen Bereich anzubieten.
Wir können uns jetzt erneut auf ein Mandala in Abb. 10 einstellen oder zu einem aus der Abb. 11 übergehen. Zu Beginn führen wir uns das ausgewählte Mandala vor Augen.

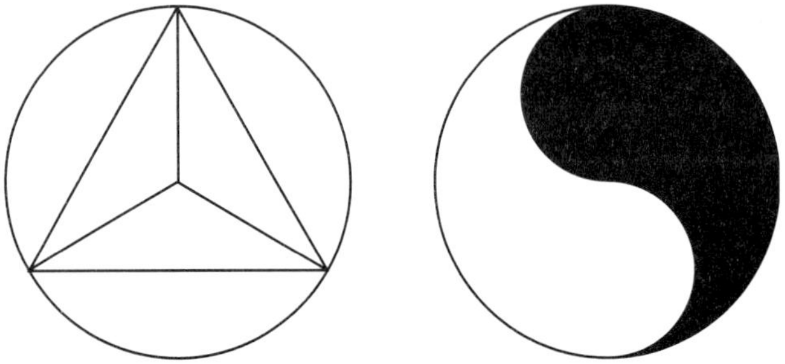

Abb. 11: *Abgewandeltes Dreieck- und Kreismandala*

Ich betrachte bzw. fixiere das Bild möglichst ohne Lidschlag. Ich lasse mich vom Mandala beeindrucken. Ich tauche in das Bild ein. Ich versenke mich in das Bild. Ich bin offen für neue Wahrnehmungen. Ich lasse mir Zeit.

Denken wir daran, nichts erzwingen zu wollen. Wenn das Eintauchen in zweidimensionale Figuren Schwierigkeiten machen sollte, gelingt dies vielleicht mit dreidimensionalen besser. Ein Beispiel dafür ist das Pyramidenmandala in der Abb. 11. Mit den vielleicht entstehenden Kippfiguren können wir eine Reise zu neuen Wahrnehmungen und Erlebnissen antreten.

Ein außergewöhnliches chinesisches Mandala, das auch im Westen bekannt wurde, ist die Darstellung der ineinanderfließenden Urkräfte Yin und Yang im Kreis (vgl. Abb. 11 und Abb. 13 auf Seite 80 und 118). Das dunklere Yin stellt die innere Kraft dar, es ist intuitiv und dem Weiblichen zugeordnet. Das hellere Yang stellt die äußere Kraft dar, es ist rational orientiert und dem Männlichen zugeordnet. Dieses Mandala stellt das Gleichgewicht der Gegensätze her, indem es sie vereint, rhythmisiert und harmonisiert. Eine Yin und Yang-Meditation kann nachhaltig beindruckend sein. Weiteres dazu folgt im Kapitel Bewegungsmeditation.

Meditation hat Erkenntnis zum Ziel und fragt nicht nach einem kurzfristigen Nutzen. Meditation lehrt uns das Staunen. Sie öffnet uns die Augen für die Wunder im eigenen Dasein und in der Natur. Mit sensibilisiertem Mandala-Blick staunen wir über die Mandala-Formen der Augen, Zellen, Blüten, Wasserkreise, Spinnweben, Sonnen, Spiralnebel. Das zentrierte und sich ausbreitende Prinzip ist in uns selbst und im Kosmos. Im Mandala haben wir es bildhaft vor Augen. Wir können es sogar aus unserem Inneren heraus zum Ausdruck kommen lassen und zu Papier bringen.

Manche zeichnen unbewusst beim Telefonieren oder beim Warten, wenn sie gerade einen Stift zur Hand haben. Damit wird meist Nervosität abgeleitet. Mit dem Stift bringen wir aber auch andere innere Impulse auf dem Papier zum Ausdruck. Wir können unser Inneres sogar auffordern, Gefühle in Mandala-Form zum Ausdruck zu bringen. Versuchen wir es!

Ich sitze entspannt vor einem Blatt Papier. Ich konzentriere mich auf meine Empfindungen. Ich lenke meine Aufmerksamkeit in meinen Kopf hinein. Mit nach Innen gerichtetem Blick beginne ich mit meiner wie von Innen geführten Hand mein Mandala zu zeichnen.

Je nach innerem Impuls zeichnen wir das Mandala von der Außenseite nach innen hin oder beginnen innen. Das Aussehen kann geordnet oder ungeordnet sein. Es kommt nicht auf akkurate Linienführung oder Schönheit an. Das Mandala eines zeichnerisch Ungeübteren und eines Fortgeschrittenen kann etwa so aussehen:

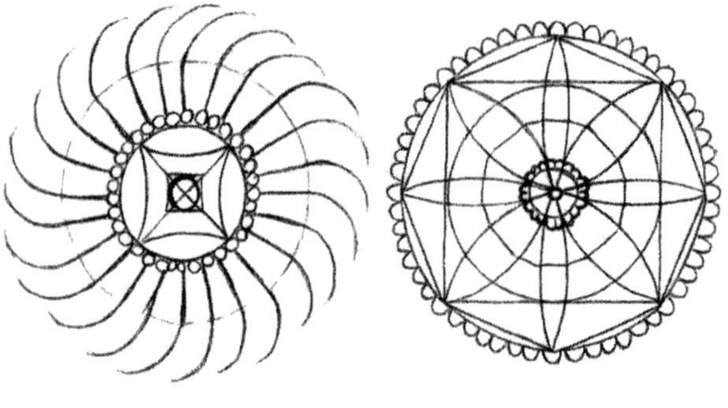

Abb. 12: *Spontan-Mandala und Mandala-Betrachtung*

Die Zeichnungen können wir auch als Vorlagen für eine anschließende Mandalabetrachtungen verwenden. Wer die Innenschau mit selbst entworfenen Mandalas intensivieren möchte, kann sich bei A. Huyser orientieren. Dort finden sich weitere Anleitungen.
Wir können uns auch von fertig vorliegenden, einfachen oder mehrschichtigen Mandalas anregen lassen. Die Darstellungen können einfarbig oder mehrfarbig sein. Vorlagen zur Mandala-Meditation finden sich in den Abbildungen dieses Kapitels und evtl. Anregungen bei Meditationoasis (S. 199).

Mantra-Meditation

**OM ist der Bogen, das Selbst der Pfeil,
All-Brahman ist das Ziel.**

Akustische Meditation im Hinduismus

Die im vorigen Kapitel behandelte Mandala-Meditation ist neben der Mantra-Meditation auch im Hinduismus gebräuchlich. Der Hinduismus beschäftigt sich neben der Klangmeditation mit den Formen und Symbolen der 5 Tattvas (vgl. Fontana). Wir kennen Tattvas im Zusammenhang mit den 5 Elementen bzw. deren symbolisch-geometrischen Darstellungen. Die 5 Tattvas sind Erde, Wasser, Feuer, Luft und Äther. Die Erde wird als gelbes Quadrat oder als auf der Spitze stehendes Dreieck dargestellt, Wasser als silberne Sichel, Feuer als nach oben weisendes rotes Dreieck, Luft als blauer Kreis und Äther als schwarzes Oval. Diese die 5 Elemente versinnbildlichenden Formen haben teilweise andere Bedeutungen als die elementaren Mandalaformen. Beide stellen Urbilder dar, die in ihren Bedeutungen kultur- und religionsübergreifend sind. Der Tiefenpsychologe C. G. Jung hat sich intensiv mit den archetypischen Formen Kreis, Quadrat, Dreieck und Kreuz beschäftigt, auch mit der Mandala-Meditation. Er war von den östlichen Meditationen beeindruckt, wollte dies aber wegen des im 20. Jahrhundert herrschenden pseudonaturwissenschaftlichen Zeitgeistes seinen Zeitgenossen gegenüber nicht zugeben. So intellektualisierte er in „Psychologie und Alchemie" (1972) die östlichen Meditationen und behielt sie einer wissenschaftlichen Untersuchung vor.

Die Grundform des Kreuzes, die im christlich geprägten Abendland weit verbreitet ist, hat im Osten nur eine geringe Bedeutung. Was den Christen das Kreuz, ist den Buddhisten das Rad und den Hinduisten der Kreis. Ungeklärt bleibt, ob das Kreuz das Abendland prägt und der Kreis das Morgenland, oder ob die Menschen im Westen mit ihrer Mentalität eher dem Kreuz zum Durchbruch verhelfen als dem Kreis. Könnte es sein, dass wir im Westen mehr am Kreuz hängen, als nach der Vollendung im Kreis zu streben? Der Hinduismus ist jedenfalls keine Leidensreligion. Er ist auch keine freudebetonte Religion, wie teilweise der Tantrismus.

Der Hinduismus entwickelte sich in Indien tausend Jahre vor Christus aus dem Brahmaismus. Beide gehen auf die geheiligten Schriften der ve-

dischen Religion zurück. Wie die Abb. 21 (Seite 202f) zeigt, sind die Veden zwischen 1800 und 800 vor Christus entstanden. Sie stammen aus Mesopotamien und wurden von den indoiranischen Ariern, bei uns sagt man indogermanische Arier, nach Indien gebracht. Der Hinduismus beruft sich noch heute auf die Veden und deren spätere Ausformungen, die Upanishaden. Die vedische Religion postuliert ein Jenseits und verspricht nach dem Tod die Wiedervereinigung mit den Vorfahren. Die Veden und die Upanishaden bilden die Basis für das Kastenwesen im Hinduismus.
Die Upanishaden lehren verschiedene Gottheiten und drei Hauptgötter. Die Hindus kennen lange vor den Christen eine Dreieinheit der Gottheiten und verehren diese.

Brahma, Shiva und Vishnu

Die Dreiheit der Hauptgötter im Hinduismus besteht aus Brahma, Shiva und Vishnu. Weitere Götter sind Krishna, Rama oder Ganesha. Brahma ist der oberste Schöpfergott. Shiva ist der Gott der Zerstörung und Beseitigung von irdischen Beschwernissen. Er wird unter anderem mit Haschischrauch verehrt. Im Sanskrit heißt Shiva der Freundliche oder Gütige. Viele bildliche Darstellungen zeigen ihn in sexueller Vereinigung mit seiner Frau Paravati. Shiva symbolisiert die männliche Energie, die auch zerstörerisch und auflösend wirken kann. Die Göttin Shakti symbolisiert die weibliche Kraft, die erschaffen und erhalten will. In der mystischen Vereinigung der

beiden Kräfte wird die personale Trennung aufgehoben. Für den praxisorientierten Hindu und den Tantriker ist die sexuelle Vereinigung ein möglicher Weg zu mystischer Einheit. Shiva verkörpert auch den Gott des Yoga und den tanzenden Gott des Universums.
Vishnu ist der Sonnengott und der Erhalter der Welt. Wenn das Ungleichgewicht in der Welt zu groß wird, kommt er in menschlicher Wiedergeburt auf die Erde, um der Besonnenheit und Weisheit wieder zum Durchbruch zu verhelfen. Sein Name ist dann Avatar. Die Hindus erwarten die zehnte Wiedergeburt Vishnus. Sie erhoffen sich damit den Beginn einer Art Goldenen Zeitalters.
Der Gedanke der Wiedergeburt beim Jüngsten Gericht ist auch im christlichen Denken verankert und daher für uns kein absolut fremder Gedanke. Fremd ist allerdings die östliche Auffassung von der Wiedergeburt eines jeden Wesens, in welcher Form auch immer. Wenn bei uns dieses Thema angesprochen wird, karikieren es manche in z.B. in James Bond-Manier „Man lebt nur zweimal", oder hoffnungsfroh-illusionär „Ich komme als Millionär wieder" oder resignativ-projektiv „Im nächsten Leben komme ich gleich als getretener Hund zur Welt". Dagegen freut sich der Hundenarr auf die Wiedergeburt in Gestalt seines Hundes: „So gut wie der möchte ich es auch mal haben! Ich wünsche mir meine Reinkarnation als mein Hund bei mir zu Hause".
Die Form der Wiedergeburt hängt nach östlicher Auffassung von unseren Werken, unseren Taten ab. Jedes Handeln nimmt Einfluss auf unser zukünftiges Leben. Auch dieses religiöse Denken ist

uns nicht fremd. Es hat mit der Chaostheorie neuen weltlichen Nährboden gefunden.

Karma

Für die Anhäufung von Werkwirkungen steht im Osten der wichtige Begriff Karma. Karma ist über den Tod hinaus wirksam. In der Wiedergeburt lebt nicht der Mensch, sondern sein Karma weiter. Karma ist weder gut noch schlecht, es ist in Materie eingegebene Wirkung. Die essentiellen Wirkungen der früheren Leben leben weiter. Aus einem jetzigen Leben in Elend oder Zufriedenheit lässt sich jedoch nicht geradlinig auf die Art des früheren Lebens schließen. Ein armseliges Leben kann mit einem unethischen früheren Leben zusammenhängen; es lässt aber auch den Schluss zu, dass der Betroffene ein Stück Elend dieser Welt auf sich nimmt, um an seiner Überwindung mitzuwirken. Die Armen und Gebrechlichen verdienen daher Hochachtung und tatkräftige Unterstützung.
Im Christentum werden die Armen vorrangig auf die Seeligkeit im Himmelreich vertröstet. Buddhismus und Hinduismus erscheinen hier humaner, indem sie Elend nicht gering schätzen und die Mitmenschen zur Unterstützung der Betroffenen aufrufen.
Höchstes Ziel ist es, kein Karma anzuhäufen, um so irgendwann den Kreisprozess der Wiedergeburten zu überwinden und zur endgültigen Freiheit ins Nirvana einzugehen. Der Weg dorthin ist erwartungsfreies Handeln, Gutes tun, ohne Lohn,

Anerkennung oder sonstige Effekte zu erwarten, die Karma anhäufen würden.
In der Praxis geht der Hindu beide Wege gleichzeitig. Für das nächste Leben sammelt er Karma, indem er Mitmenschen absichtsvoll unterstützt bzw. indem er ohne Karmaabsichten Mantras meditiert.

Mantra-Inhalte

In der Mantra-Meditation werden bestimmte Worte oder Silben wiederholt. Das bekannteste und der als heilig bezeichnete Klang ist das Mantra *OM*. Der Tantrismus, der auch mit Klangbildern arbeitet, bezeichnet *OM* als das mächtigste Mantra, dessen Kraft fähig ist, Erleuchtung zu bringen.
In den Upanishaden, dem Basistext der Hinduisten heißt es sinngemäß: Wer dieses Mantra 35 000 000-mal rezitiert, der wird befreit von seinem Karma und seinen seinen guten und schlechten Taten. Es wäre ein Missverständnis, die Zahlenangaben wörtlich zu nehmen. Die hohe Zahl weist lediglich darauf hin, *OM* zu leben und zu sein.
Auch das Christentum kennt mantraähnliche Rezitationen. Das bekannteste ist: *Mea culpa, mea culpa, mea maxima culpa* – Meine Schuld, meine Schuld, meine übergroße Schuld. Auffällig ist der leidende Kreuzcharakter des christlichen Mantras im Gegensatz zum hingebungsvollen *OM,* das oft als A-O-M ausgesprochen wird, auch als A-O-U-M. Diesem entspricht im Christentum das *Amen,*

das merkwürdigerweise nicht als Mantra verwendet wird.

Die Mantras bestehen hauptsächlich aus dominanten Vokalen: o, a, e, i und u. Das O verkörpert das allumfassende, universale Prinzip. A und E beinhalten horizontale Bewegungen, auch die Himmelsrichtungen Westen und Osten. I hat eine aufwärtsgerichtete, U eine abwärtsgerichtete Tendenz, vergleichbar dem hohen Norden und dem tiefen Süden.

OM verkörpert also das universale Prinzip, das durch M klanglich geschlossen wird und durch angedeutetes A und U eine horizontale und vertikale Richtung erhält. Diese Erläuterungen sind nicht als Kopffutter gedacht, jeder kann es ausprobieren und nachvollziehen. *Mea Culpa* ergibt eine klangliche Kreuzgestalt, aber ohne abrundenden Kreis. Wegen des A am Ende entsteht kein geschlossenes Klangbild. Hier fehlt die abrundende Erlösungshoffnung des Kreisprinzips, die wegen des Schuldinhalts von Mea-culpa kaum zu integrieren wäre. Wer Freude daran hat, kann mit den genannten Kriterien auch andere mantraähnlichen Wendungen durchleuchten, etwa die Fürbitte „Heilige Maria, Mutter Gottes, bitte für uns..." Im Begriff *Gott* finden wir in der Mitte im O das abrundende Prinzip, welches durch die harten T am Ende jedoch nicht trägt, sondern fast zerstört wird. Ist das Zufall? Das berühmte hinduistische Mantra *OMani pad me hum* ist ein erweitertes *OM* mit einem konsonanten Klangabschluss. Es bedeutet: Heil dem Juwel (= dem Höchsten) im Lotos (= dem Vollendeten). Die Übersetzung berührt uns wahrscheinlich weniger stark als der Klang des Originals, obwohl wir es nicht verstehen. Das Mantra wirkt hauptsächlich durch seinen Klang. Die berühmten Mantras sind Urlaute und Klangbilder. Man kann sie als archetypische Wortsymbole bezeichnen. So finden wir im deutschen und englischen MAN die erste Silbe von MANtra wieder. MAN hat die universelle Bedeutung von Mensch als Verstandes- und Gefühlswesen. TRA bedeutet Schutz, Beschirmung und im Zusammenhang mit anderen Vorsilben auch Handlung.

Ein Mantra wirkt auf doppelte Weise. Wie erläutert wirkt es in erster Linie durch seinen Klang, jenseits der Bedeutungen von Silben und Worten. Der Klangrhythmus wirkt über die Sinnesorgane auf Körper und Seele ein. Dies ist vergleichbar mit einer Melodie, die ohne begleitende Worte intensiver wirken kann als wohlgesetzte Worte, die der Melodie beigegeben werden. In zweiter Linie wirkt ein Mantra durch seine Bedeutungsinhalt. Der Intellekt ist angesprochen. Der Geist soll jedoch nicht analysieren, sondern die Worte einfach wirken lassen. In der Mantrameditation kommt es meist zur Vereinigung beider Linien in der Betrachtung auf höherer Stufe.

Aus dem Sprechen oder Singen des Mantras wird ein inneres Klingen und Ergriffensein, das sogar über die aktuelle Beschäftigung mit dem Mantra hinauswirkt und weiter wirksam bleiben kann. So drückt *OM* die Sehnsucht nach Unendlichkeit aus, was am ehesten mit dem schöpfungsgeschichtlichen „Es werde Licht!“ vergleichbar ist. In den Upanishaden wird der folgende Vergleich gewählt: OM ist der Bogen, das Selbst ist der Pfeil,

das All-Eine (das Göttliche) ist die Zielscheibe. Nicht von ungefähr hat sich im Zen die meditative Kunst des Bogenschießens entwickelt.
Joachim-Ernst Berendt ist vom Jazz ausgehend den Weg zu spirituellen Klängen gegangen. Sein meditatives Standardwerk hat er nach einem indischen Mantra „Nada Brahma – Die Welt ist Klang" benannt: der Schöpfergott Brahma, die Urkraft Brahman, die ganze Schöpfung, das gesamte Universum, einfach alles ist *Klang*.
Um den religiösen Hintergrund der Mantrameditation, besser verstehen zu können, hören wir nun, wie Berendt (S.25) die Upanishaden zitiert:

„Brahman ist das Absolute.
Alles, was ist, ist Brahman oder das Heilige Wort,
das nicht erklärt werden kann.
Es ist unbedingt und ohne Eigenschaften.
Es ist die Weltseele, die alle Einzelseelen enthält,
so wie das Meer alle Wassertropfen enthält,
aus denen es sich zusammensetzt.
Brahman ist Leben. Brahman ist Freude. Brahman ist Leere...
Freude, wahrhaftig, ist das gleiche wie Leere.
Die Leere, wahrhaftig, ist das gleiche wie Freude."

Die Einheit des Selbst mit dem Kosmos, ja sogar die Einheit unserer Wahrnehmungen und Empfindungen mit der Schöpfung: Das ist die Lehre des Hinduismus. Wie könnte diese Einheit besser zum Klang kommen als in dem Mantra *OM*.

Mantra-Praxis

Beginnen wir nun mit den Vorbereitungen für die Mantra-Meditation. Wir suchen einen ruhigen Raum auf, in den möglichst wenig Störungen von außen gelangen können. Es ist hilfreich, den Raum abzudunkeln und eventuell eine Kerze anzuzünden. Wer im Lotussitz geübt ist, kann diesen einnehmen. Wer den Fersensitz oder Sitzen auf einem Hocker bzw. einem Stuhl angenehmer empfindet, nimmt diese Haltung ein. Die Wirbelsäule sollte einigermaßen gerade stehen. Die Haltung sollte nicht zu bequem sein, da wir sonst Abschweifen und Einschlafen fördern, wie dies im Sessel oder im Liegen leicht vorkommt.

Eine Meditationsdauer von 10 - 20 Minuten ist am Anfang bezüglich der Konzentrationsmöglichkeiten realistisch. Eine längere konzentrative Einstellung wird kaum möglich sein. Später kann die Zeitspanne länger oder auch kürzer sein. Die Augen sind am besten geschlossen. Wenn Abschweifungen stattfinden, kehren wir zur Meditation zurück, sobald wir dies bemerken.

Die folgende Anleitung kann abgelesen, erinnert oder auf Tonband gesprochen und abgehört werden:

Ich sitze aufrecht, locker und bequem.
Meine Aufmerksamkeit richte ich auf meinen Körper.
Ich spüre meinen Körper.
Ich fühle mich locker.
Ich sammle mich und richte meine Gedanken auf diesen Augenblick.
Ich spüre meinen Atem ein- und ausströmen.

Beim Ausströmen sage ich „ruhig".
Beim Einströmen denke ich „ruhig".
Beim Ausströmen sage ich ein- oder mehrmals „OM".
Beim Einströmen denke ich „OM".
Beim Ausströmen intoniere ich „OM".
Beim Einströmen tönt es „OM".
. . .

Zum Abschluss komme ich langsam von meiner meditativen Reise zurück. Ich orientiere mich am Hier und Jetzt. Ich spüre meinen Körper. Ich öffne die Augen, recke und strecke mich. Ich freue mich auf neue Aktivitäten.
Welche Erfahrungen habe ich gemacht? War es eine Reise durch den Körper? War es eine Reise durch Raum und Zeit? War sie eventuell zeitlos? War eine Verbindung mit dem Atemrhythmus oder sogar Einssein mit dem Atemrhythmus spürbar? Verband sich der Klang mit dem Atemrhythmus? War alles Klang? War Materie wahrnehmbar?
Die Meditationsanleitung soll uns schrittweise zum Mantra hinleiten und mit dem Mantra in höhere Sphären begleiten. Sollte dies bereits gelungen sein, waren die äußeren und inneren Bedingungen optimal, was natürlich nicht immer der Fall sein kann. Die Meditationstiefe und -weite wird von verschiedensten Faktoren beeinflusst. Deswegen ist das jeweilige Meditationsergebnis unterschiedlich.
Zur Förderung der Meditation lassen sich weitere Hilfsmittel einsetzen: Wir können mit uns bekannten Entspannungsübungen aus dem Autogenen Training oder dem Progressiven Entspan-

nungstraining (Brenner) beginnen. Der frühere Bhagwan Osho empfiehlt, jeden Tag zwanzig Minuten lang bei jedem Ausatmen „Eins“ zu sagen. Wir können uns auch voll auf die Atmung einstellen, uns von ihr leiten lassen.

Mantra-Klänge

Wir können ein selbstgewähltes Mantra leise oder laut intonieren, uns mit ihm treiben lassen. Wir können mit der Intonierung von *OM* experimentieren. Probieren wir ein *OM* mit spitzen Lippen und mit weit geöffnetem Mund. Staunen wir über die unterschiedliche Wirkung. Mit spitzem Mund klingt es wie „Oben“, mit geöffnetem Mund klingt vor dem O ein A, es fließt über U ins M und klingt fast wie *Amen*. Ein kraftvoll gesprochenes oder gesungenes *OM* bringt den ganzen Körper und den ganzen Menschen in Schwingung. Der Klang breitet sich im Kopf, im Brustraum und im Bauch aus. Eine wohlige Vibration erfasst den ganzen Menschen. Experimentieren wir mit der Tonhöhe. Hohe Töne schwingen im Kopf, mittlere spüren wir im Brustraum, tiefe Töne im Bauch. Bei der Beschäftigung mit Chakren kommen wir darauf zurück. Besonders ergreifend und meditationsfördernd ist das gesungene *OM* mit fließender Veränderung der Lippen- und Mundstellung: Beginnen wir *OM* mit spitzen Lippen und öffnen beim Weitertönen den Mund. Beim weiteren Öffnen und Schließen ergibt sich eine Melodie und die verschiedenen Bereiche des Körpers geraten abwechselnd in Vibrationen. Experimentieren wir mit diesen entrückten Gefühlen und gehen wir in

ihnen auf. Werden wir Vibrationen. Auf diesem Weg weiterschreitend gelangen wir zum Hörbarwerden der Obertöne, wie dies von der Obertonmusik tibetischer Mönche oder in Deutschland von Michael Vetters Obertonsingen her bekannt ist. Die ständig vorhandenen, aber meist nicht wahrnehmbaren Obertöne der Töne werden als frei im Raum schwebende, wunderbare, sphärische Klänge erlebt, die sich mit der Mundstellung verändern und eine neue, fast unwirkliche Melodie ergeben. Soviel zu dieser Weiterführung auf eine höhere Stufe, die für den Anfänger eher unerreichbar, aber dennoch möglich ist.
Mit den bisher gesammelten Erfahrungen und eingedenk der zusätzlichen Hinweise können wir nun eine weitere Mantrareise antreten.
Wir wählen ein Mantra, welches uns zusagt, oder entwerfen ein eigenes. Unser neues Wissen über die (Himmels-)Richtungen der Vokale und ihre Resonanzbereiche im Körper können wir hier anwenden. Wollen wir unsere Meditation nach oben richten, sollte ein I im Mantra enthalten sein und betont werden, z.B. AI, vielleicht mit dem Abschluss AI-M. Wenn wir möchten, können wir vom I wieder auf die Horizontale zurückkehren. Unser Mantra lautet dann AI-E oder mit Nachklingen AI-EM. Um Tiefenerfahrungen anzuregen, ist ein dominantes U im Mantra hilfreich. Wir können das Mantra laut sagen, singen, summen oder denken. Das Denken des Mantras können wir auch mit Armbewegungen unterstützen: Die Hände legen wir mit nach oben gerichteten Handinnenflächen vor den Bauch. Bei einer I-Meditation beginnen wir mit einem nach oben ge-

richteten Kreisen der Hände und Unterarme, bei einer U-Meditation beginnen wir die Kreisbewegung nach unten.
Das Mantra sollte möglichst ohne Unterbrechungen relativ langsam und monoton rezitiert werden, wie Sie das vielleicht vom Hare Krishna oder Nada Brahma her kennen. Eine Synkronisierung mit der Atmung oder mit dem Herzschlag kann helfen, dem vorhandenen eigenen Rhythmus zu folgen. Manche bevorzugen einen äußeren, vorgegebenen Rhythmus und wählen als Untermalung meditative Musik. Hinweise zu meditativer Musik finden sich im Anhang.

Ich beginne mit meinen Entspannungsübungen
Ich vertiefe meine gesammelte Aufmerksamkeit.
Ich wähle mir ein Mantra, das mich anspricht, z.B. AI-EM.
Ich spüre meine Atmung und stelle mein Mantra darauf ein.
Ich spreche mein Mantra monoton, fortwährend.
Ich singe oder summe mein Mantra in wohltuendem Rhythmus.
Ich denke mein Mantra.
Die Hände können mein Mantra mit Kreisbewegungen begleiten.
Ich erlebe mein Mantra als innere Schwingung.
Ich bin mein Mantra – gelöst und frei ...

Zum Abschluss nehme ich die Sphäre wahr, in der ich angekommen bin. Ich gehe dann die einzelnen Schritte zurück. Ich reflektiere meine Erfahrungen. Ich ziehe Schlüsse aus dem Erkannten. Ich bereite weitere Meditationsschritte vor.

Sitz-Meditation

Die Leere ist die Fülle

Sammlungsmeditation im Buddhismus

Der aus Indien stammende Buddhismus, der sich um 500 vor unserer Zeitrechnung, also vor 2500 Jahren als Gegenbewegung zum strengen Hinduismus ausbreitete, sieht seine Ziele in der Überwindung des Leidens, der Erleuchtung (Satori) und dem Verwehen, das bedeutet Eingang ins Nirvana. Der Begründer des Buddhismus ist Siddhartha Gautama, der nach seiner Erleuchtung unter dem Bodhibaum die Ehrenbezeichnung 'Der Buddha' erhielt, das heißt der Erwachte, der Erleuchtete. Weitere Ausführungen zum Buddhismus finden sich im Kapitel „Meditation in Asien".

Über 1000 Jahre nach dem Wirken des historischen Buddha brachte Bodhisharma den Buddhismus nach China, wo er sich mit dem Taoismus vermischte. Während weiterer 500 Jahre, also im 7. bis 12. Jahrhundert nach Christus, weitete er sich als Zen-Buddhismus in Japan aus, wo er bis heute lebendig ist. In den letzten Jahrzehnten wurde Zen auch im Westen bekannter.

Im Zen-Buddhismus gibt es bis heute wie im Ur-Buddhismus keine Vergöttlichung Buddhas oder der nachgeborenen Bodhisattvas, wie das bezüglich der hinduistischen Götter ausufernd geschehen ist. Buddha wird als Religionsstifter verehrt, wenngleich die Menschen im Buddhakult immer wieder versuchen, ihn zu vergöttlichen. Letzteres hängt mit dem Bestreben der Menschen zusammen, Nichtbegreifbares begreifbarer zu machen, handhabbar zu machen. Das schließliche Ziel im Buddhismus, das Verwehen im Nirvana, das für jeden erreichbar sein soll, ist wahrlich unbegreifbar und bietet wenig Halt für die Anhänger. Der Hinduismus hingegen geht von einer individuellen Seele aus, die nach Überwindung der Wiedergeburten als Atman heim zu Brahma kehren kann. Der Hinduismus verspricht dies als ewige Glückseeligkeit. Nicht so im Buddhismus: Hier überlebt keine individuelle Seele. Die Wiedergeburten sind vergleichbar mit einer von einer verlöschenden Kerze neuentzündeten Flamme. Beim Eingang ins Nirvana endet auch dieser Kreislauf.

Der historische Buddha bekam diese und andere Erleuchtungen durch Askese und Yoga-Meditation. Er lehrt, dass Erleuchtung und Nirvana für alle möglich sind, die die Wahrheiten vom Leiden kennen und den Weg zur Befreiung vom Leiden gehen. Er lehrt den **Achtfachen Pfad:**

1. Erkennen der Wahrheit vom Leiden, 2. glaubensförderndes Denken, 3. ehrenvolles Reden, 4. ethischer, begierdeloser Lebenswandel (2 - 4 beinhalten den Glaubensweg in Gedanken, Worten und Taten), 5. kreaturerhaltender Lebenswerb, 6. tatkräftiges Bemühen zur Erreichung der Ziele, 7. Achtsamkeits-Meditation zur achtsamen Befolgung der übrigen Glieder der Weges, 8. konzentrierte Meditation oder Sammlungsmeditation (=„Zusammenschluss des Geistes“) zur Aufhe-

bung des Unterschieds zwischen Subjekt und Objekt.
An 7. und 8. Stelle taucht erstmals Meditation auf. Damit soll Meditation nicht nachrangig bewertet werden. Achtsamkeit und Sammlung sollen viemehr auf alle Glieder des Pfades Anwendung finden, sie begleiten, überprüfen, korrigieren.

Achtsamkeitsmeditation

Achtsamkeit bezieht sich dabei auf die ständige, bewusste, akribische Beobachtung der eigenen körperlichen, intellektuellen und emotionalen Vorgänge. Als Ergebnis dieser ständigen Momentbeobachtungen soll die Einsicht in die Vergänglichkeit des Augenblicks und in die Vergänglichkeit des Lebens wachsen.
Ein Ausschnitt aus der „Langen Sûtra von den Plazierungen der Achtsamkeit" kann einen Einblick in diese Form der Achtsamkeitsmeditation geben: Es ist so, als sähe der Meditierende „die Knochen gebleicht, muschelförmig, die Knochen zu hauf, jahrelang daliegend, die Knochen modernd, zu Staub geworden. Da wendet er es auf eben diesen seinen eigenen Körper an: ‚Auch dieser Körper ist so geartet, so beschaffen, wird dem nicht entgehen!' . . ." (Meisig, S. 90)
Die Achtsamkeitsmeditation schaut auf die Dinge des Alltags, aber nicht etwa sinnenfreudig, sondern als „Wache am Tor der Sinne". Das Auge soll sich nicht von den gesehenen Gegenständen fesseln lassen, das Ohr soll sich nicht den Tönen hingeben, die Nase nicht den Gerüchen, Schmecken und Tasten sollen nicht lustvoll sein und das Den-

ken soll nicht an den Phänomenen hängen. Die Sinne sollen vielmehr den Augenblick in seine Bestandteile zerlegen und an die Vergänglichkeit erinnern. Mit der Achtsamkeitsmeditation lassen sich die 5 meditationsbeeinträchtigenden Hindernisse beseitigen, nämlich: Verlangen, Bosheit, Schläfrigkeit, Aufregung und Zweifel. Die Sammlungsmeditation mit den Zielen der Reinigung des Geistes, der Erlangung von Gleichmut und von Erleuchtung kann sich anschließen.

Erleuchtung und Nirvana sind mit Sammlungsmeditation zu erlangen, aber derart aufwendig, dass sie fast nur von Mönchen durch ständige Vertiefung erreicht werden können. Es kommt nämlich noch ein erschwerender Moment hinzu: Alle Taten des Menschen hinterlassen Spuren in ihm und haben Einfluss auf sein zukünftiges Sein. Das zukünftige Sein ist nicht auf das momentane Leben begrenzt, sondern setzt sich in den Karma-Wiedergeburten fort. Die Spuren oder Niederschläge der Taten, Karma, genannt, werden wiedergeboren. Das Nirvana, das Verwehen, ist erreicht, wenn kein Karma mehr angehäuft wird. Der Buddhismus erschwert den Glauben seiner Anhänger dadurch, dass er keine unsterbliche Seele als Träger des Karma kennt und keinen Gott oder Atman kennt, zu dem die Seele wie im Hinduismus heimkehren könnte.

So führte die Sehnsucht der Menschen nach Glaubenserleichterung bereits im 1. Jahrhundert vor unserer Zeitrechnung zu einem neuen Zweig des Buddhismus, dem **Mahâyana**, d. h. dem Großen Fahrzeug. Diese Richtung bietet verschiedene, besonders dem Hinduismus entlehnte Glaubenser-

leichterungen. Das große Fahrzeug bietet mehr Gläubigen die Möglichkeit, den Weg zur Erleuchtung zu finden, als das kleine Fahrzeug. Eine der Erleichterungen besteht darin, Buddha auch als Gott verehren zu dürfen. Eine andere Erleichterung besteht darin, mit Hilfe von Bodhisattvas Gnade erlangen zu können. Der der Erlösung nahe Bodhisattva kann seine eigene Erlösung zurückstellen, um anderen zu helfen, indem er Teile des fremden Karma übernimmt. Diese Konstruktion führt dazu, dass z. B. auch ein Krüppel hoch zu achten ist, weil er von anderen Karma übernommen haben könnte.
Der Mahayana-Buddhismus konnte aber den Hinayana-Buddhismus, das Kleine Fahrzeug, nicht verdrängen; beide Formen bestanden fortan nebeneinander. Der Hinayana-Buddhismus behielt in den nächsten Jahrhunderten die Oberhand und konnte sich um 300 n. Chr. in Indonesien, Vietnam, Kambodscha und um 600 in Thailand ausbreiten. Im 6. Jahrhundert n. Chr. breitet sich der Mahayana-Buddhismus in China aus und gelangt nach Vermischungen mit dem Tantrismus und Ur-Buddhismus nach Japan. In Indien hielt sich der Buddhismus bis ins 12. Jahrhundert n. Chr., in den anderen genannten Gebieten ist er bis heute lebendig. Besonders auffällig und lebendig wirken immer noch die gelben Gewänder der Mönche.
Fremd geblieben sind uns im Westen bis heute Begriffe wie Karma und Nirvana, bei denen wir entweder etwas Heiliges oder etwas Verwerfliches vermuten. **Achtsamkeit** und **Sammlung** sind bei uns keine Begriffe mit religiösem oder meditati-

vem Hintergrund. Wer denkt bei uns beim Thema Achtsamkeit an Zergliederung und bei konzentrativer Sammlung an die Aufhebung des Subjektiv-Objektiv-Dualismus? Im Westen denken wir beim Begriff Achtsamkeit an andere Inhalte, nämlich sorgsamer oder vorsichtiger mit unserem Körper und der Welt umzugehen. Mit Sammlungsmeditation verbinden wir nicht das Ziel, den Dualismus zwischen Subjekt und Objekt aufzuheben, sondern uns mit unserer Aufmerksamkeit in ein Thema zu versenken. Die Beschäftigung mit der östlichen Sichtweise gewährleistet, die Begriffe so zu verstehen und so zu nutzen, wie sie gemeint sind.

Jetzt sind wir an einer Weggabelung angelangt, an der wir uns zu entscheiden haben, ob wir den skizzierten buddhistischen Weg mit seinem religiösen Hintergrund beschreiten wollen, oder die religiösen Ziele nicht beachten und westliche Ideologien einsetzen. Beides ist möglich. Wer sich mit der buddhistischen Sichtweise weiter vertraut machen will, kann das z. B. mit dem Buch von Konrad Meisig: „Klang der Stille – Der Buddhismus“ tun. Die Sammlungsmeditation kann auch ohne religiösen Hintergrund gelingen, wenn der Erkenntnisweg auf ethischer Basis stattfindet. Es mag vermessen sein, den achtfachen Pfad ohne das ihm zugrunde liegende Glaubenssystem zu propagieren. Die besprochenen Schritte sind aber derart universell gefasst, dass sie auch ohne religiösen Hintergrund Gültigkeit haben.

Za-Zen-Praxis

Der Buddhismus kam im 6. Jahrhundert n. Chr. über China, wo er sich mit dem Tantrismus vermischte, als Zen-Buddhismus nach Japan. Er greift auf den Ur-Buddhismus (=Hinayana) zurück und hebt damit die Vergöttlichung Buddhas wieder auf. Er kann auf ethischer Basis auch ohne religiöse Basis ausgeübt werden.

Der Zen-Buddhismus verwirft die Annahme, durch besondere Taten die Erleuchtung fördern zu können. Mit keiner Tat, mit keinem Denken lässt sich die Erleuchtung erzwingen. Positiv ausgedrückt heißt das: Mit Tatenfreiheit und Denkfreiheit bin ich zielfrei im freien Raum. So kann ich zur Erleuchtung gelangen. Das mag komplizierter klingen, als es gemeint ist. Als der indische Mönch Bodhidarma um 520 n. Chr. dem chinesischen Kaiser den Zen-Buddhismus erklärte, erläuterte er ihm, dass gute Werke keine Bedeutung für die Erleuchtung besäßen. Er untermauerte diese Aussage, indem er sich 9 Jahre in eine Höhle zurückzog und in zielfreier Aufmerksamkeit vor der Höhlenwand saß.

Diese Art der Sammlung bzw. Meditation (=Zen) im Sitzen (=Za) hat sich besonders in Japan als Za-Zen-Buddhismus ausgebildet und ausgebreitet. Bei uns ist er besonders durch den Jesuitenpater Lassalle bekannt geworden. In Japan bildeten sich zwei Richtungen aus, die Soto und die Rinzai-Schule. Sie unterscheiden sich nicht in den Grundannahmen, sondern in deren Bewertung und der daraus resultierenden Praxis. Soto richtet sich nach der ursprünglichen Praxis: Nur Sitzen,

keine höheren Ziele erreichen wollen, den Geist auf den Augenblick richten und leer halten. Wem das gelingt, der findet Erleuchtung. Die Rinzai-Schule blockiert das Alltagsdenken durch die Vorgabe eines rätselhaften Textes (Koan), dessen Lösung nicht logisch zu finden ist, sondern durch die Aufhebung der Subjektiv-Objektiv-Dualität in der Meditation geschieht. Auf diese Art weist die Rinzai-Schule Wege zur Erleuchtung (Satori). Es kann jahrelang dauern, bis die Lösung des Koans geschieht. Die Lösung kann nicht logisch gesucht oder gemacht werden; sie geschieht, wenn sich der Gläubige dazu bereit macht. In der geistigen Leere und psychosozialen Einheit ist er dazu bereit. Zur Unterstützung von Leere und Einheit kann er etwas tun, nämlich zielfrei sitzen oder sich in das Rätsel des Koans vertiefen.
Um Zen-Meditation durchzuführen, brauchen wir keine Anhänger des Zen-Buddhismus zu sein. Ein freier Geist und ganzheitliches Erleben sind grundlegende Ziele eines lebenswerten, erfüllten Lebens. Die strengen Regeln des Zen helfen auf dem Weg zum inneren Freisein, auch wenn das für uns zunächst paradox klingt. Mit Disziplin und rituellen Handlungen stellen wir uns ganz auf das Hier-und-Jetzt ein und stellen damit unser materielles Streben zurück. Zen funktioniert anders, als wir es von unseren Denk- und Handlungsgewohnheiten her erwarten. Die Begrenzung auf das Singuläre führt zu Bewusstseinserweiterung und gelassener Freiheit. Diesen Zielen näher zu kommen, ist sicherlich bei der im Westen weit verbreiteten Hektik sinnvoll.

Nähern wir uns zu diesem Zweck ein wenig der im Osten verbreiteten Bildersprache, die zunächst zu verkürzter Darstellung führt, aber in der Meditation zu neuen, übergreifenden Einsichten führt. So wird das Leben mit Wasser verglichen, einer Denkweise, die uns auch nicht fremd ist. Wir sagen: „Stille Wasser gründen tief" oder sprechen vom Fluss oder Strom des Lebens. Die Asiaten sagen es einfacher: „Ich bin der Wassertropfen im Fluss des Lebens." Daraus ergibt sich in der meditativen Beschäftigung: „Ich bin der Wirbel, der Strudel, die Stromschnelle und der Stillstand im Strom des Lebens." Leben zeigt sich in unterschiedlichsten Erscheinungsformen, die sich nicht festhalten lassen. Fausts Wunsch – „Augenblick verweile doch, du bist so schön" – lässt sich nur im Pakt mit dem Teufel aushandeln. Das Bild des Wassers hilft, das Flüchtige des Augenblicks zu sehen, anzuerkennen und mit vollem Bewusstsein zu erleben. Eine Stromschnelle sein, nicht eine Stromschnelle haben, ist die grundlegende Sicht vom Leben, die wir vom Osten lernen können. Sein statt Haben, wie es bei uns die Existenzphilosophen und Erich Fromm plastisch dargelegt haben, ist eine Erkenntnis mit einfachen, aber grundlegenden Folgerungen. Leben bedeutet somit, den Geist zu vereinfachen und einfach zu hören, zu sehen, zu spüren. Der einfache Geist klebt nicht mehr an Kausalitäten, sondern stellt Ereignisse hintereinander. Er spricht nicht vom Ärger, den der Andere uns macht, sondern formuliert: Ärger-Du-Ich. Diese Formulierung macht einen anderen Sinn.

Den Geist leerer machen

Die einlinige Ärger-Du-Ich-Sicht hilft, die Themen des Lebens neutraler zu sehen und den Geist leerer zu machen, wie es im Za-Zen geübt wird. Es wäre allerdings ein Missverständnis, stellten wir den Zen-Buddhismus mit den westlichen Wortbedeutungen von Flüchtigkeit und Leere gleich. Leere heißt in der östlichen Bedeutung: frei sein von Ballast. Flüchtig ist der Augenblick. Freude ist, das Geschehen des Augenblicks wahrzunehmen. Leben und erleben ist Verweilen im Verändern. So wie der Wassertropfen im Fluss gleich bleibt und keinen Fluss hat, sondern Fluss ist, hat auch das Erleben Seinsbestand in der Veränderung.

Das waren interessante philosophische Überlegungen für die westlichen Geistesakrobaten. Im Westen versuchen wir meist, den Dingen verstandesmäßig-analytisch auf den Grund zu gehen. Dieser Weg führt allerdings leicht in die Irre. Halten wir uns an die Grundtatsachen: Leben ist Erleben, Zeit ist Jetzt. Daraus ergeben sich die Ziele Achtsamkeit und Gleichmut, die nicht vom Himmel fallen, sondern im Za Zen zunächst beim Leeren des Geistes geübt werden. Die höchste Stufe der Leere und der Freiheit ist die Erleuchtung.

Überall ist das bereits vor dem Za Zen gebräuchliche taoistische Paradox gültig: „Wer es begreifen will, verliert es." (Koan aus dem 4. Jahrhundert v. Chr.). So wie der Wassertropfen sich nicht ergreifen lässt, kann der Geist das Leben nicht ergreifen und ergründen. Ein Koan aus dem 12. Jahrhundert weist den Weg: „Gehe zu Fuß, indem du auf

einem Esel reitest." Dieses Koan wendet sich an den Verstand, lässt sich aber mit diesem nicht lösen und zeigt damit gleichzeitig die Grenzen des Geistes.
Gehen wir also in Bescheidenheit den Weg der Achtsamkeit. Za Zen gibt dazu relativ strenge Regeln vor, die diszipliniert zu beachten sind. Die Strenge bezieht sich nicht auf das Einhalten einer bestimmten Regel, sondern auf diszipliniertes Beim-Thema-Sein. So wird nicht der Lotossitz vorgeschrieben, aber ein Sitz, der Aufmerksamkeit gewährleistet. Die Liegehaltung ist nicht günstig, weil sie Abschweifungen und Einschlafen fördert.

Meditationshaltungen des Za Zen

Als Sitzhaltung haben wir neben dem Lotossitz, der für westliche Menschen meist zu schwierig bzw. zu ungewohnt ist, die Möglichkeit, den halben Lotossitz, den Fersensitz, den Hockersitz oder den Stuhlsitz einzunehmen. Die Wirbelsäule steht aufrecht, vom Gespür her senkrecht, als würde der Kopf nach oben gezogen. Abbildungen und kurze Beschreibungen zu den Haltungen finden sich im Kapitel Meditationshaltungen (Abb. 2-5). Bei allen Sitzformen ist wichtig, dass Aufmerksamkeit herrscht. Zur äußeren und inneren Za Zen-Vorbereitung dienen die folgenden Anleitungen.

Am Eingang meines Meditationsraums ziehe ich meine Schuhe aus und stelle sie sorgsam zur Seite. Zur Vermeidung kalter Füße kann ich Wollsocken anziehen. Ich wähle meinen Meditationsplatz, in einem sauberen Raum, den ich zuvor sorgsam ausgekehrt habe. Ich konzentriere mich auf das Hier-und-Jetzt. Etwa einen Meter von einer neutralen Wand entfernt breite ich eine (Woll-)Decke aus, die ich auf Badetuchgröße gefaltet habe. Ich stelle mich mit aufgerichtetem Oberkörper hinter die Decke. Ich betrachte die Wand vor mir und den Platz, den ich einnehmen werde. Wenn meine Aufmerksamkeit gesammelt ist, gehe ich links an der Decke vorbei und stelle mich vor sie. Nach kurzem Verharren gehe ich rückwärts in die Mitte meiner Decke und nehme auf meinem gewählten Platz meine Sitzhaltung ein. Unter meinem Gesäß falte ich für den Lotossitz ein- oder zweimal die Decke, so dass ich etwas erhöht sitze. Zur Einnahme des Lotossitzes ziehe ich zuerst das im Knie gebeugte rechte Bein dicht an den Körper heran. Dann ziehe ich das gebeugte linke Bein an den Körper heran und lege den Fuß auf den rechten Unterschenkel. Wenn mir diese Vorstufe des Lotossitzes ohne Mühe gelingt, kann ich den linken Fuß auf den rechten Oberschenkel hochziehen (vgl. Abb. 4, Seite 55). Diese Haltung nennt man den halben Lotossitz. Beim vollen Lotussitz lege ich zusätzlich den rechten Fuß auf den linken Oberschenkel. Die Fußsohlen weisen jeweils nach oben.

Die Hände sind etwas angehoben. Die aktive rechte (oder linke) Hand liegt unter der anderen Hand. Die Finger und Daumenspitzen berühren sich. Die Arme sind angewinkelt. Die Hände liegen etwa in Nabelhöhe. Sie berühren den Körper und können einen sich anbietenden Halt am Körper nutzen. Der Oberkörper ist stets aufgerichtet. Die Vorstellung, dass viele Fäden den Kopf und Körper nach oben ziehen und alles nach oben wächst, kann hilfreich sein.

Der Bodensitz macht eigentümlich frei. Er gibt uns das Gefühl, geerdet zu sein. Die nach oben gerichtete Haltung gibt uns gleichzeitig das Gefühl von Schwerelosigkeit. Wir sind ausbalanciert, können freier atmen und entspannter sein als in anderen Haltungen.
Auch der Fersensitz bietet weitgehend diese Vorteile. Für die Einnahme des Fersensitzes knien wir uns auf den Boden. Um festen Halt zu haben, stehen die Knie ein wenig auseinander, die Fersen sind nach außen gerichtet, die großen Zehen berühren sich. Wir setzen uns in die Mulde vor den Fersen. Der Fersensitz hat besonders in Japan Tradition. Wir kennen ihn von Abbildungen der Teezeremonie und aus Mozarts Oper „Madame Butterfly".
Beim Frauensitz erhöhen wir die Sitzposition, indem wir bei eingenommenem Fersensitz ein festes Kissen, eine Nackenrolle oder eine zusammengerollte Decke zwischen Fersen und Gesäß schieben. Für Ungeübte ist das sicher bequemer (vgl. Abb. 5 auf Seite 56).
Sollte die eingenommene Haltung unbequem sein oder bleiben, dann ist sie noch nicht optimal. Experimentieren wir weiter, besonders wenn Beinverletzungen, Arthrosen oder Krampfadern den Sitz beeinträchtigen oder Beschwerden machen. In solchen Fällen ist es wahrscheinlich ratsamer, sich auf einen Hocker oder einen Stuhl zu setzen. Beim Hockersitz wie auch beim Stuhlsitz sitzen wir mit aufgerichtetem Oberkörper auf der vorderen Hälfte der Sitzfläche. Die Fußsohlen stehen vollständig auf dem Boden (vgl. Abb. 3). Bei zu hohen Sitzflächen braucht man die Stuhlbeine

nicht abzusägen, sondern kann die Füße auf ein dickes Buch oder eine Fußbank stellen. Da am Anfang die Wirbelsäule noch meditativ ungeübt ist, ist es bei auftretenden Beschwerden hilfreich, sich nach 5 Minuten mit dem Gesäß an die Rückenlehne zurückzusetzen und bei weiterhin geradem Oberkörper den Rücken leicht anzulehnen.
Der Vollständigkeit halber sei erwähnt, dass Zen-Meditation nicht nur im Za Zen möglich ist. Bei der Meditation im Stehen stehen die Füße parallel, sie sind nicht ganz geschlossen, die Knie nicht durchgedrückt, sondern gelockert. Der Oberkörper steht gerade, die Arme hängen locker herab (vgl. Abb. 14, S. 127). Wenn man den Zen-Meister erwartet, nimmt man diese Haltung ein, hebt dann die Unterarme und legt die rechte Hand flach vor die Brust und die linke Hand auf die rechte.
Bei der Meditation im Gehen können wir die Hände wie in der Sitzmeditation halten, die Augen in ein bis zwei Metern Entfernung auf den Boden richten und langsam schreiten. Meditationen im Stehen und Gehen sind als Alternativen zum Za Zen nach 30 oder 40 Minuten Sitzmeditation oder in Alltagssituationen möglich. Das im Sitzen Geübte kann später auch in störanfälligen Alltagssituationen angewendet werden. Beim meditativen Gehen ist es günstig, das Aufsetzen des Fußes mit dem Ausatmen zu verbinden und das Heben des Fußes mit dem Einatmen.
Auch bei der Sitzmeditation beachten wir unseren Atem. Wir achten besonders auf das Ausatmen, das Leer- und Freiwerden. Das Ausatmen können wir auch zählen, und zwar von 1 bis 10

und wieder von vorn beginnen. Nun haben wir genügend Rüstzeug, um eine Za Zen-Sitzung durchzuführen. Wir wissen, dass die äußere Haltung auf die innere Haltung Einfluss nimmt und diese zurückspiegelt.

Za Zen-Übung

Ich bereite den Meditationsraum und meinen Meditationsplatz vor.
Ich gehe zu meinem Meditationsplatz und stelle mich hinter ihn.
Ich gehe in Meditationshaltung vor meinen Platz.
Ich betrete meinen Platz und nehme meine Sitzhaltung ein.
Ich hebe die Unterarme und führe die Hände in Nabelhöhe zum Körper.
Ich denke mein Startsignal, z. B. einen Gongschlag.
Ich richte meinen Blick leicht abwärts auf die etwa einen Meter entfernte Wand.
Ich stelle mir meine Blickrichtung als durchsichtige Röhre vor.
Ich fixiere in dieser durchsichtigen Röhre einen imaginären Punkt oder Bereich in etwa einem halben Meter Entfernung.
Zusätzlich nehme ich meine Atmung wahr und zähle das Ausatmen von 1 bis 10 und beginne von vorn. ...
Nach genügender Zeit stelle ich mich auf ein Endsignal ein, z. B. auf einen zweifachen Gongschlag.
Ich erhebe mich, trete vor meinen Platz und dann hinter meinen Platz.
Ich drehe mich herum und verneige mich vor eventuellen Mitmeditierenden bzw. vor dem Hier und Jetzt des Raumes.

Verneigen wir uns mit gefalteten Händen, ist das eine japanische Grußgeste, das sogenannte Gassho. Die gesamte Meditation vollzieht sich ohne Sprache. Auch den Meditationsraum sollten wir gesammelt, ohne zu sprechen verlassen und das in der Meditation Erlebete noch eine Weile in uns nachklingen lassen. Welche Bilder tauchten auf? Welche Gedanken entstanden. Welche Störungen behinderten die Meditation? Wenn zukünftig äußere oder innere Störungen auftreten, nehmen wir uns vor, diese kurz zu registrieren und dann den Faden der Meditation wieder aufzugreifen.
Die Meditation fördert das Ziel der Erleuchtung (Satori), sie soll aber nicht mit diesem Ziel durchgeführt werden. Das Ziel des Za Zen ist die Leere bzw. die Freiheit.

Koan-Meditation

In der Rinzai-Schule des Zen wird zusätzlich zum meditativen Sitzen eine paradoxe Denkaufgabe, ein Koan gestellt, welche das übliche kausale Denken blockieren und in Richtung der Leere verändern soll.

Ich beginne die Meditation wie beim vorherigen Mal. Statt des Zählens richte ich mein Denken auf eines der folgenden Koans:
„Der Weg, der gangbar ist, ist nicht der ewige Weg."
„Der Name, der nennbar ist, ist nicht der ewige Name."
„Klatsche in die Hände und höre auf den Klang deiner rechten Hand."
Wenn ich mit dem Denken nicht weiterkomme, richte ich all meine Sinne auf das Koan und achte mein Erleben.

Ich lege das zweifache kausale Denken beiseite und öffne mich für die Ein-heit und die Einheit allen Seins. Nach genügender Zeit beende ich die Meditation wie beim vorherigen Mal.

Es ist nicht zu erwarten, dass das Koan bereits bei den ersten meditativen Einstellungen eine Lösung findet oder dass es nur eine einzige Lösung gibt. Die individuelle Lösung kommt meist außerhalb der Meditation wie ein Lösungsblitz aus heiterem Himmel.
Zen beschäftigt sich meist mit den einfachen Dingen des Alltags. Berühmt sind die japanische Zenkultur des Teetrinkens, die Kunst des Bogenschießens und die Ikebanakunst des natürlichen Blumensteckens.

Zen-Autofahren

Nach westlicher Manier haben die Amerikaner Kevin und Todd Berger statt des Zen-Bogenschießens das Zen-Autofahren aufs Korn genommen. Was zunächst wie ein schlechter Scherz klingt, wird beim näheren Hinschauen plausibel: Wir nutzen beim Autofahren das zen-buddhistische Ziel der Achtsamkeit. Achtsamkeit lässt sich durch wertfreie, d. h. nicht bewertende Aufmerksamkeit erreichen. Da beim Autofahren etwa 200 Entscheidungen pro Kilometer zu treffen sind, ist klar, dass nur vital bedeutsame Situationen beurteilt und bewertet werden können. Alles andere wird ungeprüft hingenommen. Das Geschehen wird mit Aufmerksamkeit registriert, der Fahrer agiert und reagiert im Hier und Jetzt. Sich Gedanken über frühere Erfahrungen oder Befürchtungen in Gefahrensituationen zu machen, verbietet sich, da Denkprozesse und Bewertungen in solchen Situationen behindern und viel zu lange dauern würden. Das flüssige Autofahren geschieht mit freiem, d. h. leerem Geist im bewussten situationsangemessenen Handeln. Beim Autofahren gibt es keine Dreiteilung von Auto, Fahrer und Umgebung. Autofahren ist das alles beinhaltende komplexe Geschehen. Hervorhebungen von Einzelheiten stören den natürlichen Ablauf, z. B. das Suchen der Schaltung oder die Befürchtung, die Bremse nicht zu finden.

Es ist wie bei der von Kleist beschriebenen Grazie des natürlichen Gehens: Sobald der Jüngling gezielt natürlich gehen will, verliert er sein Grazie und stolpert über die eigenen Füße.

Das Selbst ist ein Teil des Ganzen. Eine verstandesmäßige Innen-Außentrennung führt zu Störungen im Beziehungsgefüge. Wer sich von Bewertungen führen lässt, der trübt das klare Wasser mit fremden Stoffen. Die Gedanken freizumachen, um die Themen des Alltags im unverfälschten So-Sein sehen zu können, das lehrt uns die Zen-Meditation.

Sanfte Körpererfahrung im Taoismus

Der Taoismus ist im 2. Jahrhundert vor Christus in China entstanden. Im Gegensatz zum Buddhismus oder Hinduismus handelt es sich dabei um keine religiöse Richtung, sondern um ein philosophisches System. Vieles klingt religiös, besonders die Überlegungen zu den Ursachen allen Seins. Wie wir wissen, hat der Taoismus den Buddhismus beeinflusst, besonders den Zen-Buddhismus. Der Taoismus ist jedoch im Gegensatz zum Buddhismus oder Hinduismus keine introvertierte, nach innen gerichtete Denkrichtung, sondern spiegelt eine extravertierte, nach außen gerichtete, weltoffene Haltung. Um den Taoismus angemessen zu verstehen, ist ein Blick auf die chinesische Haltung dem Leben gegenüber hilfreich. Die Weite und Farbigkeit des Heimatlandes haben die Menschen in ihrem Denken und Handeln beeinflusst. Die Menschen sind der Natur zugewandt, naturverbunden. Sie sehen sich in der Welt als Teil der Welt. Diese Sichtweise ist nicht selbstverständlich, wie der Blick auf den Buddhismus und den Hinduismus zeigt. Da der Taoismus die chinesische Grundhaltung zum Leben aufgreift bzw. widerspiegelt, konnte er sich ungehindert ausbreiten.

Tao heißt der Weg. Im ganz irdischen Sinne ist zuerst der gesunde und harmonische Weg durchs

Leben gemeint. Da der Mensch vom Grunde her auf Harmonie mit der Umwelt und den Mitmenschen hin angelegt ist, benötigt der Taoismus keine Zwänge oder einengende moralische Forderungen, um ein Zusammenleben zu gewährleisten. Das Harte mit dem Sanften und Weichen überwinden, das ist die Maxime im Taoismus. So heißt es „überwinden" und nicht „bekämpfen". In einer auf Harmonie eingestellten Welt ist Kampf nur bei äußerem Angriff auf das Leben nötig. Selbst dort kann das Sanfte das Harte überwinden, denken wir an die lebensrettenden Demutsgebärden oder Totstellreflexe im Tierreich. Die Naturverbundenheit lehrt die Menschen Demut und nicht Hochmut dem Leben gegenüber und gegenüber den sozialen Beziehungen.
Als Ursache für das auf Harmonie angelegte Weltgeschehen nimmt der Taoismus ein transzendentales Seinsgesetz an, welche Lao-tse in seiner grundlegenden Schrift formulierte: Tao-Tê-King – Das Heilige Buch vom Weg und von der Tugend. In dieser philosophischen Schrift geht es um die Seinsgesetze, denen alles Sein im Universum folgt, und um den eigenen Weg, die Ursachen zu erahnen und sich mit einem natur-moralischen Lebenswandel darauf einzustellen. Das Buch beginnt mit zwei Sätzen, die besonders im Zen-Buddhismus, der über China nach Japan gelangte, als Meditationsformeln verwendet werden:

Könnten wir weisen den Weg,
Es wäre kein ewiger Weg.
Könnten wir nennen den Namen,
Es wäre kein ewiger Name. (Lao-tse, § 1)

Der Unfassbarkeit des Transzendentalen folgt die vom Menschen in Subjekt und Objekt gespaltene Erfassbarkeit der weltlichen Dinge:

Erst seit auf Erden
Ein jeder weiß von der Schönheit des Schönen,
Gibt es die Hässlichkeit.
Erst seit ein jeder weiß von der Güte des Guten,
Gibt es das Ungute. (Lao-tse, § 5)

Wenn Dinge so formuliert werden, dass es ein negativ gefärbtes Gegenteil gibt, kann unter Umständen das Negative erstrebenswert erscheinen. Es gibt Menschen, die dem Unguten nacheifern und so die Harmonie in der Welt beeinträchtigen. Da für jeden diese Gefährdung besteht, lehrt der Taoismus wie auch der Buddhismus nicht die Zweiheit, sondern die Einheit allen Seins:

Deshalb der Heilige Mensch:
Er setzt zurück sein Selbst –
Und er wird vorne sein;
Er treibt hinaus sein Selbst –
und sein Selbst tritt ein.
Ist das nicht, weil er ohne Eigennutz?
Darum vermag er sein Eigen zu vollenden.
(Lao-tse, § 18)

Als praktizierbares Mittel zur Überwindung der Subjekt-Objektspaltung und als Weg zur Harmonie verweist Lao-tse auf die bereits vor ihm bekannten kosmischen Kräfte Yin und Yang.

Yin und Yang

Im Tai Chi ist Chi die Lebensenergie, die sich in den Manifestationen der Lebensenergie, nämlich in ihren Polen Yin und Yang zeigt. Folgende zur Einheit hin drängenden Qualitäten haben Yin und Yang:

Chi	**Yin:** dunkel, innengerichtet, empfangend, eher passiv, weiblich, intuitiv; Wasser, Erde **Yang:** hell, außengerichtet, gebend, eher aktiv, männlich, rational; Feuer, Himmel	Gleichgewicht, Harmonie, Einheit

Die beiden Kräfte sollen sich ergänzen, ins Gleichgewicht kommen, sich harmonisch miteinander verbinden, eine Einheit bilden. Es ist wie mit Ebbe und Flut: Das eine definiert sich durch die Existenz des anderen und wird so erfahrbar. Sobald wir die Phänomene akzeptieren, transzendieren wir sie. Das allseits bekannte Bildsymbol sind die im Kreis ineinanderfließenden Urkräfte Yin und Yang (s. Abb. 13).

Abb. 13: *Yin und Yang*

Der Kreis ist die absolute, die vollendete Form. Er ist Ganzheit, Einheit, Vollständigkeit. Er hat weder Anfang noch Ende, alle Punkte sind vom Mittelpunkt gleich weit entfernt. Der Kreis ist die perfekteste Form, die sich denken und vorstellen lässt. Deshalb wird sie in manchen Religionen zur Darstellung des Absoluten, des Heiligen verwendet. Denken wir an das buddhistische Rad, den Kreis im keltischen Kreuz, Yin und Yang im Kreis. Wie wir bereits erfuhren, lässt sich der Kreis auch als Meditationsobjekt bzw. als Meditationsthema verwenden, wie dies in der Mandala-Meditation bzw. in der Yin-Yang-Meditation geschieht. Die Chinesen haben die Lebensenergie, die Seinsenergie mit deren Qualitäten Yin und Yang im Kreis dargestellt, und zwar als zwei vereinte Fische oder Wassertropfen, die sich in einer ewigen Kreisbewegung befinden. Diese Darstellungsform zeigt wiederum die Naturverbundenheit des Volkes und der religiösen Führer. Sie gingen noch einen Schritt weiter: Um die Lebendigkeit der Lebensenergie darzustellen, fügten sie in die Zentren der größten Tropfenausdehnung einen kleinen schwarzen bzw. weißen Kreis als Auge. Das Auge symbolisiert neben Lebendigkeit das Vorhandensein der gegensätzlichen Kraft in der jeweiligen Teilkraft: Im Männlichen sind weibliche Anteile, das Weibliche beinhaltet männliche Anteile. Zu dieser Erkenntnis ist unsere Naturwissenschaft inzwischen auch gelangt.

Von der Gleichgewichtigkeit von Yin und Yang auszugehen, fällt unseren Wissenschaftlern aber sehr schwer, da sie nach wie vor von einer männlichen geprägten Muskel- oder Stärkeideologie

ausgehen. Das körperlich Stärkere steht an erster Stelle: Herr und Frau, männlich und weiblich. Im Chinesischen heißt es umgekehrt Yin und Yang, also weiblich und männlich.
Diese traditionsreiche Umkehrung der Reihenfolge übersieht der Westler leicht. Die geänderte Reihenfolge geschieht nicht aus Höflichkeit, wie in der Anrede von Damen und Herren, sondern zeigt die höhere Wertschätzung des weiblichen Prinzips. Das Credo im Taoismus lautet ja: Das Weiche überwindet das Harte.
Im sozialen Zusammenleben geschieht das durch eine blumenreiche Sprache und melodiöse Sprechweise. Bezüglich des Körpers geschieht das durch sanfte Akupunktur oder Tai Chi. Beide Methoden fördern den ungehinderten weichen Energiefluss im Körper und bauen Energieblockaden in den Meridianen und Verhärtungen in den Muskeln ab.

Meridiane

Meridiane sind Energiebahnen, die den Körper durchziehen. Sie sind bei uns weitgehend unbekannt. Selbst der gequälte Westler, der sich zur Akupunktur flüchtet, weiß oft nicht, dass sein Behandler die Meridiane anspricht. Wir verbinden im Westen mit den Meridianen das vegetative Nervensystem, das Lebensnervensystem, welches die unwillkürlichen Körperfunktionen steuert. Die 12 Energiebahnen der Meridiane sind ein weiteres System. Blockadefreies weiches Fließen in den Meridianen bedeutet Harmonie und Gesundheit.

Diesen Hintergrund sollten wir berücksichtigen, falls wir versucht sind, fernöstliche Methoden wie eine Kopfschmerztablette einzusetzen bzw. falls wir auf die abstruse Idee kommen, Yoga als Krafttraining zu verwenden. Das Denken und Fühlen soll vielmehr dem bereits bekannten Prinzip folgen: das Harte mit dem Weichen überwinden.

Tai-Chi-Praxis

Tai Chi ist Meditation in sanfter fließender Bewegung. Die Schreibweise variiert je nach Übertragung des Lautbildes in unserer Schrift: T'ai Chi, Taiji, Tai Qi oder Tai Chi Chuan. Gemeint ist immer das Gleiche: Harmonie von Körper und Geist in fließender Bewegung. Tai Chi, das zur Qi Gong-Gruppe der Bewegungsmeditation gehört, ist etwa zwei- bis dreitausend Jahre alt. Erste schriftliche Belege liegen aus dem 7. Jahrhundert n. Chr. vor. Im Tai Chi bringen wir nicht einfach den Körper in Bewegung, sondern synkronisieren Körper und Geist. Die Bewegungen geschehen nicht durch bloße Befehlsfolgen des Geistes an ausgewählte Muskelgruppen, sondern wir fühlen uns in die ausgewählten Körperpartien hinein und wünschen uns eine bestimmte Bewegung. Wir machen also keine Bewegung, sondern wünschen uns eine Bewegung. Wir suggerieren uns die Bewegung und führen so Körper und Geist in der Vorstellung zusammen. Wenn es uns gelingt, dies als ganzheitliches Geschehen ablaufen zu lassen, also ohne Ursache-Wirkungsdenken, haben wir das kausalitätslose, einheitliche Denken be-

griffen und die Bewegungsmeditation kann fließen.
Wer noch Schwierigkeiten mit dem ganzheitlichen Denken und Handeln hat, mag über den alten Lehrsatz nachdenken „Die Sonne bewegt sich um die Erde" oder über die folgende aus China stammende kurze Zengeschichte reflektieren:
Der Zenschüler sagt: „Die Fahne dort weht im Wind, sie bewegt sich also im Wind". Der Meister antwortet: „Nicht die Fahne oder der Wind bewegen sich, sondern dein Geist bewegt sich, indem er Fahne und Wind in eine Kausalbeziehung bringt".
Ohne Kausalbeziehung heißt der Satz: Die Fahne bewegt sich, oder: Die Fahne ist in Bewegung. Auf das Tai Chi angewendet heißt das: Der Körper bewegt sich. Oder: Der Körper ist in Bewegung. Und nicht: Ich bewege den Körper. Auch nicht: Ich wirke auf die Muskeln ein.
Die westliche Feldenkraismethode hat dieses ganzheitliche Denken teilweise übernommen. Der Begründer Moshé Feldenkrais hat vom Tai Chi inspiriert ein Bewegungssystem beschrieben. Unter dem Motto: „Bewusstheit durch Bewegung" überwindet er zwar nicht gänzlich das kausale Denken. Er stellt aber eine sanfte Bewegungsmethode vor, die über Hineinspüren in Körperregionen und Imaginieren von Bewegung vonstatten geht. Die Synkronisierung von Bewusstheit und Bewegung fördert das universale Bewusstsein und die harmonische Bewegung. So hat er fernöstliche Weisheit in seiner Methode genutzt.
Auf den harmoniestörenden Einfluss von Willkürhandlungen auf Bewegungsabläufe hat vor

ihm bereits Hölderlin hingewiesen. In seiner Darlegung zur Grazie der Bewegung vor einem Spiegel beschreibt er, wie ein Jüngling graziöse Bewegungen vor einem Spiegel ausführen will. Die gewollt-harmonische Bewegung gerät aber zu einem tollpatschigen Zerrbild. Wohlverstandenes Tai Chi hingegen hilft, Unechtheiten im Verhalten zu verändern sowie Selbsttäuschungen und irrige Selbstbilder abzubauen.

So gesehen, ist Tai Chi ein auf das Diesseits und das alltägliche Leben ausgerichtetes System. Die taoistische Lehre von den Natur- und Lebensgesetzen verweist immer wieder auf das Ziel Gesundheit. Ganz pragmatisch vertreten Taoismus und Tai Chi das Ziel Gesundheit. Der Weg ist Leben im Einklang mit den Naturgesetzlichkeiten und die Durchdringung der These: Das Weiche überwindet das Harte. So wird auch dem weichen Fließen der Atmung bei den Bewegungen besondere Bedeutung beigemessen.

Fließende Bewegungen

Um fließende Bewegungen und Harmonie zu schaffen, kennt das Tai Chi einige Dutzend Bewegungsabläufe. Die vom Tai Chi-Lehrer im Zeitlupentempo vorgestellten Bewegungsabläufe vollzieht der Übende nach. Ohne Unterbrechung gehen schließlich verschiedene Bewegungsabläufe weich fließend ineinander über. Tai Chi führt keine Übungen mit isolierten Körperbereichen durch. Selbst wenn eine Übung sich primär auf die Hände bezieht, ist am Bewegungsablauf der gesamte Körper beteiligt. Die Energien sollen jeweils im ganzen Körper fließen können und der Übende soll sich seines Körpers bewusst werden. Besondere Fitnessvoraussetzungen, um die Übungen durchführen zu können, gibt es nicht. Sollte Stehen nicht möglich sein, gibt es auch Übungen, die im Sitzen oder Liegen durchführbar sind. Eine bestimmte Kleidung ist nicht erforderlich, leichte, lockere Kleidung, etwa ein Trainingsanzug ist günstig. Ein Übungsdurchgang dauert zwischen 5 und 30 Minuten. Es gibt Übungen, die allein und andere, die mit Partner durchgeführt werden können.

Da die fließenden Bewegungen Spannungen und Blockierungen beseitigen helfen, sind alle Störungen bzw. Krankheiten lösend zu beeinflussen, die mit Behinderungen oder Blockierungen des freien Energieflusses zusammenhängen. Dazu gehören körperlich gesehen Muskelverhärtungen, Atemstörungen, Konzentrationsschwächen, und Organerkrankungen. Nach etwa einem Jahr täglichen 15- bis 30-minütigen Übens beherrscht man die Übungsabläufe. Dann sind die Muskeln geschmeidiger, der Atem fließt sanfter und die Organe arbeiten freier.

Falls die relative Festgelegtheit der Bewegungsabläufe stören sollte, ist zu überprüfen, ob die Bewegungen frei fließend und nicht mechanisch oder zwanghaft ablaufen. Bei Schwierigkeiten beschränken wir uns auf kurze Bewegungsmuster, die angenehm sind und Spaß machen.

Vielleicht ist auch das Bild des frei fließenden Wassers hilfreich, das sich eine feste Form, nämlich ein Bachbett sucht. Wie bei den Tai Chi-Übungen sind hier freies Fließen und Formgebundenheit die beiden sich ergänzenden Anteile des Ganzen. Wie beim Yin und Yang beeinflusst das Fließen die Form des Bachbettes und das Bachbett beeinflusst das Fließen. Auch in unserer Sprache verwenden wir das Bild des Fließens und des Flusses, um einerseits das freie Strömen zu benennen und andererseits im „Beeinflussen" die verändernde Wirkung auf eine zuvor feste Yangform zu beschreiben. Beim Organismus sprechen wir von Körper-Haben und Körper-Sein. Hier ist Haben die Yang-Form, die die Wahrnehmung des Körper-Seins hart beeinflusst. Das Körper-Sein ist weicher und bedeutet, über das Körper-Haben verfügen zu können.

Wenn wir uns einreden, ein schwaches Herz zu haben, werden wir uns schwach fühlen. Wenn wir uns schwächlich fühlen, werden wir den Körper schonen. Wenn wir uns hingegen gefestigt fühlen, werden wir eine eventuell vorhandene körperliche Einschränkung bei unseren Überlegungen und Handlungen berücksichtigen und das Sein mit dem Haben vereinbaren.

Das Starke und Schwache gehört wie Yang und Yin, wie Spannung und Entspannung zum Leben. An jeder Muskelbewegung sind Spannung und Entspannung beteiligt. Dies nutzt das Tai Chi. Da die Spannungsseite im Leben meistens ausgeprägter ist als die Entspannungsseite, betonen die sanften Tai Chi-Übungen die Yin-Seite, um so zum meist anspannenden Alltag einen Ausgleich zwischen Spannung und Entspannung zu schaffen.

Vorübung

Ich wähle einen Platz in der Wohnung oder in der Natur, an dem ich in den nächsten Minuten wahrscheinlich nicht gestört werde. Ich stelle die Füße fußbreit auseinander und lockere meine Waden, meine Oberschenkel, meinen Unterleib, meinen Oberkörper, mein Gesicht. Ich höre auf meine Atmung und erlebe bewusst die Spannung der Einatmung und die Entspannung der Ausatmung. Ich spüre Wellen von Entspannung und Spannung, die sich im Körper ausbreiten. Bei der Wanderung durch den Körper registriere ich nun, wo Spannungen festsitzen, wo es hart ist. Parallel dazu oder anschließend stelle ich fest, welche Bereiche locker, gelöst und weich sind. An den harten Stellen sind Energieflüsse blockiert. Diesen Stellen schenke ich bei den Übungen besondere Aufmerksamkeit.

Grundhaltung Bär

Die wichtigste Grundhaltung im Tai Chi ist die als Bär bezeichnete Haltung. Diese Bezeichnung ist ein passendes Bild für die lockere, dennoch feste auf den Hinterläufen stehende Haltung eines Bären. Diese Haltung wollen wir jetzt erarbeiten.

Ich stelle die Füße schulterbreit auseinander und parallel zueinander. Die aufrechte Beinstellung lockere ich, indem ich die Kniespannung löse und die Knie sich etwas nach vorne bewegen. Mit dieser Gewichtsverlagerung ändert sich auch die Haltung des übrigen Körpers. Vor allem verlagert sich der Druck des Körpergewichts von der unteren Wirbelsäule auf die Oberschenkel. Allein diese Gewichtsverlagerung durch die Vorwärtsbewe-

Abb. 14: *Tai-Chi-Grundhaltung (© Pulwey - Fotolia.com)*

gung der Knie ist eine Entlastung für die oft überstrapazierte Wirbelsäule.

Nun bewege ich das Becken sanft vorwärts und rückwärts, bis ich den Eindruck habe, dass die Wirbelsäule stabil auf dem Becken ruht. Dann stelle ich mir vor, am Ende der Wirbelsäule sei ein kleines Gewicht befestigt, welches die Wirbelsäule nach unten zieht. Gleichzeitig stelle ich mir vor, am oberen Ende des Kopfes sei ein Faden befestigt, der die Wirbelsäule sanft noch oben zieht. Die Wirbelsäule streckt sich nach oben. Ich spüre die Verankerung nach oben und unten sowie eine deutliche Entlastung der Wirbelsäule.

Diese hier auf die Wirbelsäule bezogene Verbindung von oben und unten, von Himmel und Erde ist für das Tai Chi charakteristisch. Es finden Verbindungen statt, Grenzen werden aufgehoben. Sein und Tun, Ruhe und Bewegung fließen ineinander über, sodass sich das Sein im Tun zeigen kann und Ruhe in der Bewegung.
Dieser Grenzen verbindende und dadurch Grenzen auflösende Zusammenhang soll bei den Übungen stets bewusst sein. Auch bei der nun folgenden Bewegungssequenz aus dem Tai Chi, die „Zwischen Himmel und Erde" genannt wird, soll der alles verbindende Gedanke gegenwärtig sein.

Zwischen Himmel und Erde

Zur Durchführung dieser meditativen Bewegungsgeschichte des Tai Chi nehmen wir die eben beschriebene Grundhaltung ein (vgl. Abb. 14).

Mit leichtem Hin- und Herschwanken erprobe ich, ob die Haltung angenehm ist. Ich lasse meinen Atem ruhig ein- und ausfließen. Ich stelle fest, wie sich der Körper beim Einatmen dehnt und beim Ausatmen entspannt. Ich bin ruhig, wach und auf meinen Körper konzentriert. Nachdem ich mir mit der Einstimmung Zeit gelassen habe, führe ich meine Unterarme so weit vor das Becken, bis sich die Finger berühren. Die Handrücken sind einander zugewandt. Ohne große Pause hebe ich nun langsam beim Einatmen die Unterarme und führe sie bis

über Schulterhöhe nach oben. Die Hände sind locker und weisen nach unten. Beim nächsten Einatmen hebe ich die Arme weiter über den Kopf. Ich öffne Hände und Arme, indem ich sie wie zum gottverehrenden Gruß nach außen führe.
Mit dem nächsten Einatmen verbunden wende ich die Handinnenflächen langsam nach außen und senke langsam die Arme. Die Handinnenflächen weisen dabei nach unten. Während die Arme absinken, verlagere ich das Gewicht von beiden Beinen auf das rechte Bein. Beim nächsten Einatmen führe ich das lastenfreie Bein nach hinten, indem ich den linken Fuß nach hinten ziehe. Am besten ziehe ich ihn einen Schritt weit über den Boden nach links hinten.
Während dieser Rückwärtsbewegung hebe ich die Unterarme und überkreuze sie vor dem Tan Tien (=Bauchzentrum; vgl. Hara). Der rechte Unterarm liegt über dem linken, die Handinnenflächen weisen nach innen.
Beim Ausatmen verlagere ich allmählich mein Gewicht auf das linke Bein. Dadurch bewegt sich der ganze Körper nach hinten. Die Hände liegen nun überkreuzt vor dem Bauchzentrum.
Beim nächsten Ausatmen verlagere ich mein Körpergewicht wieder auf das rechte Bein und ziehe den linken Fuß wieder nach vorne. Die überkreuzten Hände bewege ich dabei nach vorne vom Bauch weg. Dann gleiten die Arme zur Seite weg, wie beim Sammeln und Austeilen von Erdfrüchten. Beim nächsten Ausatmen kehren die ausgebreiteten Arme mit den nach unten geöffneten Händen langsam in die Anfangshaltung zurück.
Beim nächsten Ausatmen beginne ich erneut mit dem Bewegungsablauf „Zwischen Himmel und Erde", indem ich Unterarme und Hände wieder vor das Becken führe. Die weiteren Schritte vollführe ich wie beim ersten Mal.

Lediglich beim Überkreuzen der Arme liegt nun der linke über dem rechten Arm. Und beim Zurücksetzen des Fußes wähle ich diesmal den rechten statt des linken Fußes. Den dritten Durchgang führe ich wieder wie den ersten durch.
Ich beende den Bewegungsablauf, wenn es genug ist oder wenn ich das Gefühl habe, mich mit Himmel und Erde, mit oben und unten in Harmonie zu befinden.

Nachdem wir die Übungen beendet haben, führen wir uns das Erlebte noch einmal vor Augen. Welche Schwierigkeiten gab es mit den harmonischen Abläufen? Erging es uns wie dem Jüngling vor dem Spiegel? Das wäre nicht verwunderlich. Da uns solche Bewegungsabläufe ungewohnt sind, ist nicht zu erwarten, dass sie uns gleich mit Grazie gelingen. Auch Tanzschritte gelingen meist nicht sofort. Mit wiederholtem Tun gehen sie allmählich in Fleisch und Blut über. So ist es auch bei den Tai Chi-Übungen.
Wer den Eindruck bekommen hat, dass die Bewegungsmeditation des Tai Chi ihm etwas geben kann, sollte auf jeden Fall einen Kursus besuchen. Tai Chi-Kurse bieten die verschiedenen Bildungseinrichtungen an. Es gibt noch viele Übungen, die hier nicht vorgestellt, sondern nur beispielhaft genannt werden können: „Erfahrung des Atemraums“, „Erleben der Hände und anderer Körperbereiche“ , „100 Krankheiten vertreiben“, „In meiner Mitte sein“. Eine einfühlsame schriftliche Einführung bieten B. und K. Moegling.
Die Tai Chi-Übungen lassen sich hervorragend als Gruppenübungen durchführen: Der Gleichklang

der Bewegungen erzeugt ein harmonisches Bild und kollektives harmonisches Erleben.
Eine Reihe von Übungen werden mit einem Partner durchgeführt. Dabei geht es meist darum, Gemeinsamkeiten, Verbindungen, aber auch Grenzen bezüglich der Mitmenschen zu erkunden. Die nun folgende Sensibilisierungsübung für Energieströme führen wir mit einem Partner durch.

Energieströme

Ich stelle mich mit einem Schritt Abstand vor meinen Partner. Mein Partner und ich heben die Arme, bis sich die Hände in Schulterhöhe befinden. Mein Partner und ich nähern die geöffneten Handinnenflächen so nahe einander an, bis sie sich fast berühren. Ich spüre die Wärme- und Energieabstrahlung aus den Händen des Partners mit meinen Händen. Jetzt schließen mein Partner und ich die Augen. Wir drehen uns um die eigene Achse und ich versuche, die Hand meines Partners mit geschlossenen Augen wiederzufinden, ohne sie zu berühren. Ich erspüre den Bereich im Raum, in dem erhöhte Wärme- und Energieabstrahlung stattfindet, und nähere mich dann der Hand des Partners, ohne sie zu berühren. Ich erlebe die Wärme, den Energieaustausch und das Strömen im ganzen Körper.
Zum Abschluss ziehe ich die Hand langsam zurück und öffne die Augen.

War die Wärme und energetische Aufladung im Körper spürbar? Dann genießen wir es. Wenn wir nicht zu diesem Ergebnis gekommen sind, oder wenn die Hände sich berührt haben, beginnen wir von vorne. Es ist gut möglich, dass diese kur-

ze Anleitung zum Erspüren der Hände nicht ausreicht. Eine Hilfe kann die Vorstellung sein, seine Hand gegen einen leichten Widerstand nach vorne zu schieben. In Kursen gibt es weitere Vorübungen und Hilfen.
Tai Chi verwendet wie Yoga den Körper als Ausgangspunkt für die meditativen Übungen. Die Konzentration richtet sich auf den Körper und wir arbeiten mit dem Körper. Die fließenden Bewegungen eröffnen ein Gefühl für das Eingebettetsein des Körperganzen im sozialen Gefüge in der Welt und im Kosmos. Dazu tragen die sanften Bewegungen im Rhythmus von Yin und Yang bei.

Körper- und Chakren-Meditation

Das einzige Diktat, dem ich mich in dieser Welt füge, ist die sanfte innere Stimme. (M. Gandhi)

Energetische Meditation im Yogasystem

Yoga setzen wir meist mit Körperübungen gleich. Wir denken dabei an den Hatha Yoga in der Turnhalle oder an Abbildungen kunstvoller Übungshaltungen. Was wir über Yoga gehört oder gesehen haben, ordnen wir in unser vorhandenes Denksystem ein: Turnhalle heißt für uns Sport und einen Schulterstand verbinden wir mit Anstrengung oder Verrenkung. Mit diesen westlichen Einordnungen haben wir Yoga total missverstanden. Manche westliche Lehrer machen das Missverständnis sogar zum System, indem sie Yoga-Gymnastik anbieten. Gegen Gymnastik ist natürlich nichts einzuwenden, Yoga-Gymnastik ist jedoch unsinnig. Beim Yoga handelt es sich, wie bereits Sacharow eindrucksvoll dargelegt hat, um keine Körperertüchtigungsübungen, sondern um meditative Übungen. Yogaübungen sind Übungen zur Neutralisierung und Überwindung des Körpers. Das körperliche und weltliche Verlangen soll durch die disziplinbetonten Übungen vermindert werden. So gesehen haben die Übungen mehr mit Askese als mit Köpertraining zu tun und Yoga ist mit Joch richtig übersetzt. Kurzsichtige Yogakritiker setzen Joch mit unterjochen, also unterdrücken gleich, obwohl sie wissen müssten, dass anjochen das Verbinden des Zugtieres mit dem Wagen bedeutet. Joch oder Yoga bedeuten also Verbindung, Vereinigung, Verschmelzung, die Einheit von Zugtier, Wagen und Gespannlenker. Es gilt, die einzelnen Bereiche optimal aufeinander abzustimmen, das Zusammenspiel der Einzelbereiche zu optimieren. So entsteht Einheit, in der bildhaften asiatischen Ausdrucksweise: Vereinigung. Wenn wir das Bild vom Gespann auf den Menschen übertragen, dann ist der Körper der Wagen, der Verstand der Wagenlenker, das Denken die Zügel, der Yoga oder das Joch die Verbindung zum universellen Prinzip bzw. zum Höheren Sein in der All-Einheit.

In unserer abstrakten Sprache ist Yoga die Verbindung der Dreiheit Körper, Geist und Seele mit der universellen Energie zur All-Einheit. Die graphische Darstellung in Abb. 15 (S. 138) mag unserem Verständnis entgegenkommen. Um Yoga zu verstehen, wollen wir diesen Verschmelzungszusam-

menhang vor Augen behalten. Halten wir uns vor Augen, dass der Yoga die Erkenntnis von der Einheit der universellen Energie zum Ziel hat.
Da es sich bei dieser Erkenntnis um die höchste Stufe des Yoga handelt, die nicht mit Verstandeskräften, sondern als Ergebnis langdauernder Meditation zu erreichen ist, ist nicht zu erwarten, dass sie schnell erreicht werden könnte. Die höchste Stufe der Erkenntnis heißt im Yogasystem Samadhi. Sie beinhaltet die Erkenntnis der Einheit mit dem Absoluten bzw. mit der universellen Energie.
Vergeblich suchen wir beim Yoga nach einer religiösen Benennung des höchsten Prinzips. Allenthalben erwarten wir die Benennung einer Gottheit, warten aber trotz des transzendenten Kontextes und der noch folgenden moralischen Forderungen vergeblich. Wie ist das zu erklären? Die Antwort ist relativ einfach: Yoga existiert seit über 5000 Jahren, also bereits in einer Zeit, als es noch keine ausformulierten philosophischen oder religiösen Systeme gab. Aus dem Gespür für energetische Verhältnisse in allen Daseinsbereichen entstanden lebensbejahende (Yoga-)Übungen. Zu den Übungen wurde ein Energie- und Weltanschauungskonzept formuliert, das zunächst von keinen Glaubenssätzen oder Dogmen beeinflusst war.
Mit der weiteren Ausformulierung zum Yogasystem kam es zu einigen Festlegungen. Bis heute gibt es jedoch keinen ernst zu nehmenden Versuch, dem Yogasystem ein Götterbild überzustülpen. Allerdings benutzen Buddhismus und Hinduismus Yoga-Traditionen und binden sie in ihr ideologisches System mit ein. Dadurch wird der

ursprüngliche Yoga-Weg undeutlicher. Im Westen wurde der Yoga zur Yogawissenschaft weiterentwickelt. Wegen seiner nichtgöttlichen Verankerung eignet er sich nämlich ausgezeichnet zur Untersuchung mit westlich-naturwissenschaftlichen Mitteln. Von dem Paradox, das trotz Götterabstinenz transzendentale Yogasystem mit naturwissenschaftlichen Mitteln untersuchen zu wollen, lassen wir uns nicht stören.

Verschiedene Yogawege

Es gibt unterschiedliche Yogawege, nicht nur den beim Körper ansetzenden Hatha Yoga. Die Yogawege finden ihre Ansatzpunkte in den verschiedenen Seinsbereichen Körper, Geist, Seele und universale Energie (vgl. Abb. 15: All-Einheit der Seinsbereiche). Es geht um den pfleglichen Umgang mit diesen Bereichen und um das meditative Ziel der All-Einheit.
Zur Körperpflege und Körperbeherrschung sind körperliche Aktivitäten erforderlich, zur Geistespflege die Anwendung des Willens, bei der Atempflege ist das fühlende Mitschwingen gefragt.
Dem Handeln ist der Hatha Yoga mit seinen körperlichen Aktivitäten zugeordnet. Der Körper soll gepflegt werden, weil der reine und gesunde Körper die Voraussetzung für einen gesunden Geist und eine gesunde Seele ist. 3000 Jahre nach Einführung des Yoga formulieren die Römer in umgekehrter Reihenfolge. Sie meinten mit "Mens sana in corpore sano" das Gleiche: Ein gesunder Geist in einem gesunden Körper. Wenn wir uns in diesen Satz vertiefen, fällt es schwer, darin eine

Legimitation für einseitiges Muskeltraining zu finden.
Hatha Yoga bedeutet eben nicht nur körperliches Üben. Hatha Yoga hat seinen Ansatzpunkt bei den Körperübungen; die reinigenden Wirkungen breiten sich in allen Bereichen aus. Zusätzlich bietet der Hatha Yoga Hygieneübungen, Atem- und Meditationsübungen. Außerdem kennt der Hatha Yoga neben dem physischen grobstofflichen Körper einen energetischen feinstofflichen Körper. Letzterem gehören die Meridiane an.
Die feinstoffliche Energie, Prana genannt, fließt durch die Energiekanäle, Meridiane genannt. In acht Energiezentren, Chakren genannt, bündelt sich die Energie. Wir kommen darauf zurück.
Hier geht es zunächst um die Feststellung, dass die Yogapfade keine einseitigen Wege sind, sondern ganze Systeme beinhalten.
Karma Yoga ist der Yoga der Handlung, der Aktivität, der Arbeit im Alltag. Ein Karma-Yogi macht sich nicht von Besitz oder Belohnungen abhängig. Er arbeitet, weil eine Arbeit zu erledigen ist. Er macht jemandem eine Freude, um ihn zu erfreuen, nicht um Dank oder Gewinn daraus zu ziehen. Er verringert durch Alltagsaktivitäten seine Selbstbezogenheit, seine Subjektivität und steigert die höherrangige Objektivität. Vom Sammeln guter Taten zum Zwecke der Karmaanhäufung wird im Karma Yoga nicht gesprochen.
Der **Raja Yoga** ist, im Gegensatz zur Beherrschung des Körpers, auf die Beherrschung des Geistes ausgerichtet. Raja Yoga heißt Königs-Yoga. Er setzt psychologisch gesehen bei den Willenskräften an. Diese werden zur Stärkung der

Selbstbeherrschung, der Konzentration und der Meditation genutzt, wie Klaus Engel in seinem Meditationsbuch darlegt.

Der **Jnana Yoga** hat seinen Ansatz beim Denken. Mit den kognitiven, den Denkkräften richtet der Jnana-Yogi seine Aufmerksamkeit auf sein Selbst, sein inneres Zentrum und stärkt so sein universelles Bewusstsein. Jnana Yoga ist der Yoga des Denkens, Wissens und der Weisheit.

Bhakti Yoga ist der Yogaweg der Hingabe, Liebe und Verehrung. Verehrende Zuwendung zu Lehrern, Wertschätzung von Freunden und Gemeinschaften führen weg von der Selbstbezogenheit. In der liebenden Vereinigung soll die All-Einheitserfahrung gefördert werden. Welche Yogasysteme den pfleglichen Umgang mit Körper, Geist und Seele besonders fördern, ist in Abbildung 15 zusammengestellt.

Elemente der traditionellen Yogapfade werden auch in den anderen hier behandelten meditativen Systemen und Religionen verwendet. Da Yoga wesentlich älter und teilweise objektiver und durchdachter ist als die übrigen Systeme, verwundern diese Übernahmen nicht.

Bei uns wurde der **Hatha Yoga** besonders bekannt. Deshalb soll dieser Yogapfad hier ausführlicher skizziert werden. Hatha Yoga besteht aus wenigsten drei Bereichen, nämlich Regeln zur Lebensgestaltung, körperbezogene Übungen und meditative Versenkung. Ziel ist die Veränderung des Bewusstseins sowie die Erkenntnis des Einsseins mit der universellen Energie, mit dem universellen Prinzip.

***Abb. 15:** All-Einheit der Seinswege*

Leitlinien für die Lebensgestaltung

Beginnen wir mit den Voraussetzungen für eine ethische Lebensführung, die auch für die übrigen Yogapfade gelten. Der Yoga kennt zehn Regeln zur Lebensgestaltung:

1. Ehrfurcht vor dem Leben, Gewaltlosigkeit; Nicht töten
2. Respekt dem Mitmenschen gegenüber; Nicht stehlen
3. Subjektivität und Verfälschung vermeiden; Nicht lügen
4. Selbstlosigkeit, Möglichst sexuelle Enthaltsamkeit; Nicht begehren

5. Wunschreduktion, Dankbarkeit; Nicht aneignen
6. Körperreinigung, Waschungen als Voraussetzung für Gedankenreinigung
7. Geduld üben als Voraussetzung für Zufriedenheit
8. Disziplin als Voraussetzung für die Durchführung der Übungen
9. Weisheit als Ziel der Lebensgestaltung
10. Erkenntnis der universellen Einheit als oberstes Ziel der Lebensgestaltung.

Die ersten Regeln erinnern an die christlichen Gebote. Sie stehen jedoch auf keiner religiösen Grundlage, sondern auf der Grundlage der universellen Einheit allen Seins. Die weiteren Regeln helfen, den Weg des Einzelnen zur universellen Einheit zu ebnen.
Auf dem Hintergrund der genannten Regeln wendet sich der Yogi den Körperübungen zu. Nach der Waschung der Körperhöhlen wählt er einen ruhigen Platz und eine günstige Körperhaltung.
Der Lotossitz ist für Europäer meist zu schwierig. Er wird besonders empfohlen, weil er einen geschlossenen Energiekreislauf ermöglicht. Die Hände berühren die Beine, die Füße sind zum Bauch hingezogen. So ist ein optimaler Energiekreislauf gewährleistet. Als Ausgangshaltung für die Asanas, das sind die Körperstellungen im Yoga, ist auch der Fersensitz günstig, weil aus dieser Haltung heraus die meisten Übungen fließend beginnen können. Es ist auch möglich, sich auf ei-

nen Stuhl zu setzen, den Oberkörper aufzurichten und die Unterschenkel übereinander zu kreuzen.

Atmung

Wenn der Yogi sich in der Grundhaltung wohlfühlt, richtet er seine Aufmerksamkeit auf die Atmung, besonders auf die Zwerchfell- und Bauchatmung. Atmung bedeutet für ihn mehr, als einfach ein- und auszuatmen. Sie bedeutet für den Yogi Ausdehnung der Prana, d. h. Ausdehnung der Lebensenergie. Die Atmung gehört im Wesentlichen zum immateriellen, zum feinstofflichen Körper. Die Atmung breitet sich über die Meridiane mit ihren Knotenpunkten, den Chakren aus.

Meridiane

Die Meridiane als feinstoffliches System dürfen nicht mit dem vegetativen Nervensystem verwechselt werden. Sie sind ein besonderes Energieleitungssystem, welches im naturwissenschaftlich ausgerichteten Westen weitgehend unbekannt ist. Die Naturwissenschaft macht den vergeblichen Versuch, die Meridiane dem vegetativen Nervensystem zuzuordnen. Beides sind allerdings unterschiedliche und eigenständige Systeme. Über das vegetative Nervensystem werden Nervenimpulse geleitet. Über die Meridiane wird Prana, die Lebensenergie geleitet und breitet sich nicht nur im Organismus, sondern im ganzen Menschen aus.

Die Chakren

Im Organismus gibt es Zentren der Lebensenergie, die Chakren genannt werden. Chakra heißt Rad oder Kreis, in dem die Prana-Energie kreist. Die Chakren sind die Zentren, in denen Lebensenergie gebündelt und verteilt wird. Sie sind Schalt- und Verteilungsstellen für die Lebensenergie. Es ist wichtig, dass die Lebensenergie ständig fließt und möglichst ungehindert fließt. Stillstand des Fließens bedeutet Tod, Blockierung bedeutet Krankheit, und Störungen des Energieflusses bedeuten Störungen im Befinden und Erleben.

Da der Energiefluss in den Chakren häufig behindert ist, liegt es nahe, die Chakrenlehre des Yoga mit der Chakrenarbeit zu ergänzen. Dabei geht es um Störungen im Energiefluss und um deren Beeinflussung. Das Wort „beeinflussen" benutzen wir häufig in unserer Sprache. Der Begriff zeigt, dass auch wir vom Fließen im Leben, vom Lebensfluss ausgehen. Der Lebensfluss unterliegt äußeren sowie inneren Beeinflussungen und jeder kann gezielt darauf Einfluss nehmen. Da uns dieses Denken von unserer Sprache her nicht fremd ist, dürfte es nicht besonders schwerfallen, dem Chakrenmodell zu folgen.

In der Chakrenlehre kennt man 7 Chakren, die besonders im Kundalini Yoga von unten nach oben aufsteigend durchwandert werden. Kundalini bedeuted im Yoga die aufgerollte, aufsteigende Energie. Kundalini ist der Yogaweg der psychischen Energie, die in den einzelnen Chakren von unten nach oben, vom Wurzelchakra bis zum Scheitelchakra aufsteigt (vgl. Abb. 16).

Chakren	Wo zu lokalisieren	Aufgabe (Funktion)
Wurzelchakra	Damm, zwischen After und Genitalien	Geerdet sein, Grundkraft bereitstellen
Genitalchakra	Genitalbereich	Sexualität, Schöpfungskraft
Bauchchakra	Sonnengeflecht	Zentrierung (chin.: Mitte), Individualisierung
Herzchakra	Brustraummitte	Verbundenheit, Liebe, Mitgefühle
Halschakra	Kehlkopf	Kommunikation, Denken, Inspiration, Kreativität
Stirnchakra	zwischen den Augenbrauen	3. Auge, Intuition, Verbindung zur Spiritualität
Scheitelchakra	höchste Kopfmitte	Verbindung zur Transzendenz, All-Einheitsbewusstsein

Abb. 16: *Die Chakren*

Das Wurzelchakra bildet die Basis, die die Verankerung bzw. die Verwurzelung des individuellen Lebens mit der Erde gewährleistet. Das Wurzelchakra ist die Basis für die sichere Verwurzelung mit der Welt und die Basis für das Sicherheitsgefühl in der Welt.

Im Leben beziehen sich die Funktionen der Chakren jeweils auf das Fühlen und Erleben: Die Erdung im Wurzelchakra bietet ein Gefühl von Sicherheit. Das Genitalchakra, dem die Fortpflanzungsfunktion zugeordnet ist, bietet sexuellen Lustgewinn.

Die aufsteigende Energie vom Wurzel- über das Genitalchakra führt im Bauchchakra zu einem

Gefühl des körperlichen Wohlbefindens. Es entsteht das angenehme Gefühl des Ruhens in der eigenen Mitte (vgl. Hara).
Das Herzchakra wird mit Schwingungen und Klängen verbunden. Es ist der Resonanzboden für innere und äußere Schwingungen, die ein Gefühl der Verbundenheit mit den Mitmenschen und dem Kosmos erzeugen.
Im Halschakra binden sich die Energien aus dem Brust- und Kopfbereich. Sie können über die Sprache nach außen wirken. Die Art und Weise der sprachlichen Kommunikation beruht auf der Offenheit bzw. Durchgängigkeit des Halschakras, ebenso die Art und Weise der Atmung. Lockerheit im Kehlkopf ist eine Voraussetzung für den zufriedenstellenden Kontakt zu Mitmenschen.
Das Stirnchakra reguliert unsere konzentrativen Kräfte. Es wird bei entspannt-konzentrierten Tätigkeiten aktiviert. Zur systematischen Aktivierung lassen sich die Grundübungen des Autogenen Trainings und die Sinnfragen der autogenen Oberstufe (vgl. Brenner) einsetzen.
Das Scheitelchakra ist das Zentrum des transzendenten Bewusstseins. In bildlicher Ausdrucksweise ist es die zur Transzendenz hin sich öffnende Lotosblüte. Dieses Zentrum aktiviert sich in tiefer Meditation. Das All-Einheitsbewusstsein rückt näher.

Zusammenklänge (Synästhesien)

Die ganzheitliche Chakrenlehre und der Yoga beschäftigten sich schon sehr frühzeitig mit dem Zusammenklang verschiedener Daseins- und Sin-

nesbereiche. Die gegenseitige Beeinflussung von z. B. Farben und Sinnesorganen bedeutet, dass wir Farben nicht nur sehen, sondern auch in anderen Sinnesbereichen wahrnehmen können. So kann eine Farbe warm oder kalt wirken. Die Farbe der Herzlichkeit ist rot. Ärger verbinden wir oft mit Gelb.
Dieses Zusammenschauen findet sich im Westen fast nur in überlieferten Redewendungen. Im Osten sind die Zusammenklänge, auch Synästhesien genannt, viel lebendiger. Einzelne Zuordnungen sind kulturspezifisch bzw. ergeben sich aus der Zuordnung von Natur und Farben zu den Chakren.
Es folgt nun eine Zusammenstellung von Synästhesien, die wir in der später folgenden Chakrenarbeit nutzen können (Abb. 17).
Diese Zusammenstellung kann uns helfen, Gefühle einzuordnen, bei denen z. B. das Herzchakra angesprochen wird: „Jemandem (nicht) grün sein" oder „auf rosaroten Wolken schweben". Wir spüren, dass hier das Herz angesprochen ist. Wenn wir der emotionalen Bedeutung dieser Ausdrücke nachgehen, spüren wir die energetische Schwingung oder sogar Wärmeströmung im Brustbereich. Die eigenen Erfahrungen damit helfen uns zu verstehen, warum die östlichen Meditationssysteme so viel mit Naturbildern, Düften und Farben arbeiten.
Den Chakren entsprechen Naturphänomene. Folglich können wir mit meditativer Ausrichtung auf Naturphänomene die Chakren zum Schwingen bringen, dadurch den grobstofflichen Energiefluss verbessern, die Umwandlung in feinstoffli-

Chakra	Naturentsprechung	Geruch	Farbe
Wurzelchakra	Erde, Abendrot	Zeder	rot-braun
Genitalchakra	klares Wasser	Sandelholz	orange
Bauchchakra	Blumen, volle Blüte	Rosmarin, Lavendel	gelb, gold
Herzchakra	Blüten, reine Natur	Rosen	(rosa), grün
Halschakra	Himmelslicht im Wasser	Salbei	hellblau
Stirnchakra	Sternenhimmel	Jasmin	violett, gelb
Scheitelchakra	Gipfel, Höhe	Lotos	weiß, purpur

Abb. 17: *Zusammenhänge (Synästhesien)*

che Energie fördern und der Erkenntnis des Einsseins mit der universellen Energie näherkommen.

Hatha-Yoga-Praxis und Chakrenarbeit

Bei Yoga denken wir meist an die kunstvoll aussehenden Haltungen (Asanas) des Hatha Yoga. Wir missverstehen sie als Gymnastik oder Turnübungen. Wer weiß schon, dass sie einen ganz anderen Sinn haben, nämlich den Körper als Störfaktor bei der Meditation auszuschalten, um Kontrolle über die Ströme der Lebensenergie im Organismus zu erreichen. Ha-tha heißt Sonne-Mond. In der energetischen Yogalehre geht es um die inkorporierten Sonnen- und Mondkräfte, die der rechten und linken Körperseite zugeordnet werden.

Die harmonieschaffenden Körperübungen sind der Meditationsansatz auf der grobstofflichen, physischen Ebene. Die Chakrenarbeit ist die Weiterführung der Meditation auf der feinstofflichen, nicht greifbaren Ebene. „Es ist nicht fassbar" ist ein Ausdruck unserer Sprache, der zeigt, wie wir im Westen bemüht sind, selbst das Unfassbare zu ergreifen, und gekränkt kapitulieren, wenn sich das Unfassbare nicht fassen lässt. Anders im Osten: Das feinstoffliche Unfassbare ist geeignet, das Bewusstsein zu verändern und universelles Bewusstsein zu werden. Die All-Einheitserfahrung kann voranschreiten.

Das sind einige Hintergründe, auf denen Yoga und Chakrameditation im Osten geübt werden. Wer das universelle Bewusstsein zulassen möchte, sollte möglichst alle Stufen, auch die Vorbereitungsübungen, die im Folgenden skizziert werden, durchlaufen. Wem bloße Körperübungen oder verkürzte Chakrenarbeit reichen, mag sich mit dem ungegründeten Gerüst begnügen. Ein Stück Gesundheitsförderung bringt das allemal. Es sollte jedoch klar sein, dass eine verkürzte Form kein Yoga im eigentlichen Sinne ist und kein universelles Bewusstsein fördert. Baden, ohne nass zu werden, wäre eine grobstoffliche Entsprechung, die zu keinem sinnvollen Ergebnis führt.

Wie ein Christ sein Leben nach den 10 Geboten ausrichtet, so beachtet der Yogi die **10 Regeln zur Lebensführung**, an die wir kurz erinnern wollen:

1. Gewaltlosigkeit,
2. Respekt,
3. Ehrlichkeit,
4. Sittlichkeit,
5. Wunschreduktion,
6. Reinigung,

7. Geduld,
8. Disziplin,
9. Meditation,
10. Selbstverwirklichung in der All-Einheitserfahrung.

Diese 10 Regeln zur Lebensführung sind in den **8 Stufen des Königsyoga** als Leitschnur für die Yogapraxis gefasst:

1. Verinnerlichung der Regeln 1-5 als ethische Basis (=Yama),
2. Körperliche und seelische Reinigung (=Nyama),
3. Körperhaltungen zur Körperbeherrschung (=Asanas),
4. Atemlenkung (=Pranayama, vgl. Prana: Lebensenergie),
5. Sinnesreizelenkung (=Pratyahara),
6. Konzentration auf eine Sache (=Dharana),
7. Meditation (=Dhyana),
8. Selbstverwirklichung in Subjekt-Objekt-Einheit (=Samadhi).

Wir sehen: Die Körperhaltungen des Hatha Yoga sind in das Yogasystem eingeordnet. Bei den Körperübungen, die jeder entsprechend seiner eigenen Möglichkeiten ohne Anstrengungen durchführen kann, wollen wir den Hintergrund des Yogasystems vor Augen behalten.

Yoga-Übung

In innerer und äußerer aufrechter Haltung wende ich mich dem Yoga zu, nachdem ich bequeme Kleidung angezogen habe.
Wenn vorhanden, nehme ich lauwarmes Wasser in meine Handinnenfläche. Ich halte mit einem Finger ein Nasenloch zu und ziehe mit dem anderen Nasenloch aus der hohlen Hand ein paar Tropfen Wasser ein. Ich verschließe beide Nasenlöcher, beuge den Kopf etwas nach hinten und lasse die Tropfen in den Rachenraum fließen. Ich spucke die Tropfen aus und mache das Gleiche über das andere Nasenloch.
Danach nehme ich am besten auf dem Boden auf einer Decke eine bequeme Sitzhaltung ein, etwa den Lotos- oder Fersensitz. Ich konzentriere mich auf meine Verankerung nach unten und oben. Ich spüre meine Atmung, die sich nach unten und oben in meinem Körper ausbreitet. Ich lasse mir Zeit dabei. Ich erahne meinen Einklang mit der Natur.

Liegehaltung (Sav-Asana)

Ich verändere jetzt langsam meine Haltung. Ich lege mich mit dem Rücken auf eine vorher ausgebreitete Decke. Die Arme liegen flach neben dem Körper. Die Handinnenflächen sind nach oben geöffnet; falls das unangenehm ist, zeigen sie mit den angewinkelten Fingern nach innen. Ich löse die Spannung in den Waden, sodass die Fußspitzen etwas nach außen fallen. Mit leichtem Räkeln erprobe ich, ob die gefundene Haltung bequem ist. Noch angespannte Bereiche entspanne ich. Ich lasse mir Zeit dabei.
Kerze (Sarvang-Asana)

Aus der entspannten Liegehaltung heraus beginne ich, ohne mich anzustrengen, mit der auch außerhalb des Yoga bekannten Kerzenhaltung. Im Gegensatz zu gymnastischen Übungen achte ich darauf, ohne Bemühen die gestreckten Beine zu heben, bis sie fast senkrecht stehen. Nun halte ich die Beine mit den Händen an den durchgedrückten Kniekehlen. Wenn der Kopf angehoben wurde, lege ich ihn sanft auf die Unterlage zurück. Falls dies mühsam ist, gehe ich in die Ausgangshaltung zurück und wiederhole die ersten Schritte, bis sie wie von selbst ablaufen.
Nun lasse ich die Hände von den Kniekehlen in Richtung der Füße gleiten. Ich halte die Beine an den Waden und später an den Fesseln. Die Rücken- und Beinmuskeln sind gespannt. Da ich mit den Händen die Beine nach vorne ziehe, hebt sich das Gesäß und ich liege auf dem Rücken und den Schultern. Sobald dieser Vorgang mühsam wird, löse ich die Spannungen und beginne erneut. Wenn mir das Heben mühelos gelingt, hebe ich Gesäß und Rücken ohne Zuhilfenahme der Hände. Ich lege die Oberarme auf den Boden und die Hände flach an mein Gesäß, um es etwas abzustützen. Ich lasse die Beine nach oben gleiten, bis sie sich fast über dem Gesicht befinden. Beim Hochgleiten verschiebt sich die Abstützung durch die Hände in den Rippenbereich. Diese halbe Kerze soll nicht durch Heben, sondern durch Gleiten zustande kommen.
Gelingt dies mühelos, lasse ich die Beine weiter nach oben gleiten, als würden sie mit unsichtbaren Fäden nach oben gezogen. Ich spüre, wie der Rücken sich hebt und ich schließlich mit den Schultern geerdet bin. Körper und Beine weisen in gerader Linie senkrecht nach oben, meine Hände liegen an den Rippen (vgl. Abb. 18).

Sobald die Kerzenhaltung anstrengend wird, lockere ich die unsichtbaren Haltefäden und vollziehe das Hebegleiten langsam in umgekehrte Richtung, bis ich wieder flach auf dem Rücken liege. Ich spüre meine Gelöstheit und lasse mir Zeit zum Nachspüren. Anschließend wiederhole ich die Kerze oder beende meine Übung.

***Abb. 18:** Yogahaltung Kerze (© RTimages - Fotolia.com)*

Hat sich ein wohliges Gefühl ausgebreitet? Ging alles wie von selbst? Dann ist es gelungen, die Gelassenheit des Yoga in die Tat umzusetzen. Wenn es noch schwierig war, das Fließen geschehen zu lassen, dann ist möglicherweise das Yoga-Wissen noch nicht genügend ausgeprägt. Hinweise dazu finden sich vor den Übungen.

Den häufigsten Fehler, der bei den Yogaübungen gemacht wird, kennen wir bereits: Europäische Gymnastik, statt indischer Konzentration. Bei der Gymnastik werden die Muskeln geübt, bei der konzentrativen Übung der Energiefluss. Bei der Gymnastik werden die Muskeln mehr durchblutet, bei der konzentrativen Übung die inneren Organe. Yoga hat somit auch einen heilsamen Einfluss auf die Organe, indem der Energiefluss verbessert wird.

Dem Yogi ist allerdings der Aspekt wichtiger, dass er bei freiem Energiefluss den Körper nicht mehr störend wahrnimmt und er sich somit besser auf höhere Yogastufen konzentrieren kann. Zu diesem Zweck führt der Yogi die Kerze oder andere Asanas mehrmals täglich behutsam durch.

Obwohl es eine Vielzahl von Yogahaltungen gibt, werden immer wieder neue propagiert. Jemand hat das Verschwinden und Wiederauftauchen von fünf Asanas ins sagenumwobene tibetische Bergland versetzt und ihnen dadurch etwas Geheimnisvolles gegeben. Geheimnisvolles lässt sich halt leichter an die Frau und an den Mann bringen. Wenn man genauer hinschaut, haben die fünf Übungen gar nichts Geheimnisvolles. Es handelt sich bei den Tibet-Übungen z. B. um eine

halbe Kerze mit angehobenem Kopf oder um eine spezielle Brückenhaltung.
Es geht aber nicht darum, einzelne Übungen aufzuzählen. Es geht darum, einen Eindruck davon zu bekommen, welche Art von Übungen es gibt. Wer den Eindruck hat, dass ihm Yogaübungen gut tun, der sollte einen Kursus besuchen und weitere Erfahrungen sammeln. Die Asanas sind ein Bereich im Yoga-System. Weitere Bereiche, die auf dem Weg zur All-Einheit nutzbar sind, sind die Atmung und die Prana-Energie mit den Energiezentren, den Chakren.

Chakren-Meditation

Die Chakren-Meditation wird bei uns zu Unrecht nur esoterischen Zirkeln zugerechnet. Sie befördert den ungehinderten Energiefluss, die Selbsterfahrung und holistisches, ganzheitliches Erleben. Wenn die Erläuterungen zu den Chakren nicht mehr präsent sind, können sie weiter vorne nachgelesen werden. Wenn die Bedeutungen der Chakren präsent sind, lassen sich die Chakrenreisen leichter mitvollziehen. Hier folgt nun eine Chakrenreise.

Ich sitze bequem, z. B. im Fersensitz. Meine Wirbelsäule ist aufgerichtet. Ich entspanne mich. Ich lenke meine Aufmerksamkeit auf den tiefsten Punkt meines Rumpfes, auf mein Wurzelchakra. Ich spüre mich ganz in diesen Bereich hinein. Neugierig erkunde ich die nähere Umgebung. Was spüre ich? Ist es ein Pulsieren oder eine leichte Wärmeentwicklung? Spüre ich die unsichtbare

Verwurzelung, die mich mit dem Grund verbindet? Spüre ich die Energiewirbel, die sich ausbreiten wollen?
Ich stelle mir vor, dass sich im untersten Chakra Energie bündelt und sich in Kreisen bzw. Spiralen ausbreitet. Ich spüre, wie ich Energie bekomme und Energie gebe. Ich bin im Energieaustausch nach unten geerdet und nach oben mit Atmung verbunden.
Die kreisende Energie breitet sich im Genitalchakra aus. Kommt es hier zu Turbulenzen, zum Stocken oder zum freien Strömen der Energie? Habe ich ein beklemmendes Gefühl oder lustvolle Empfindungen? Wie kann ich den Energiefluss beeinflussen?
Ich stelle mich auf kreisende Energieströme im Genitalchakra ein und genieße die Wärmeentwicklung im Unterleib.
Ich lasse die Energie sich weiter nach oben zum Bauchchakra ausbreiten. Gelingt mir das oder gibt es Widerstände? Wo ist der Energiefluss behindert?
Ich sammle Energie im Bauchchakra und lasse sie sich kreisend ausbreiten. Ich habe ein kraftvolles Gefühl. Ich erlebe, wie meine Kraft sich von der Mitte her ausbreitet. Die Energie belebt im Aufsteigen das Herzchakra. Spüre ich die sanften, herzlichen Regungen? Bemerke ich, wie sie sich kreisend nach außen dehnen wollen? Ich lasse es geschehen und spüre die herzliche Verbundenheit mit allem Leben um mich herum.
Wenn sich das Verbundenheitsgefühl auf bestimmte Personen bezieht, spüre ich bewusst den veränderten Energiestrom. Ich erlebe hin- und herströmende Kraftfelder. Ich verfolge neugierig die Weiterentwicklung. Ich lasse mir Zeit dabei.
Dann lasse ich mit dem Einatmen die Energie weiter nach oben steigen. Sie breitet sich im Halschakra aus. Vielleicht spüre ich den Drang, mich mit Anderen

sprachlich auszutauschen. Oder habe ich eher das Bedürfnis, meinen Gedanken nachzugehen?
Meine Atmung gibt mit das Gefühl der Verbundenheit nach unten mit meinem Leib, mein Denken strebt nach oben zum Stirnchakra. Ich sammle dort meine Aufmerksamkeit. Die Energie breitet sich aus. Ich spüre, wie die irdischen Belange belangloser werden. Ich nehme meine intuitiven Kräfte wahr und spüre die spirituelle Verbindung.
Wenn ich soweit gekommen bin, dass die Verbindung zum Scheitelchakra sich aufbauen will, lasse ich die Energieströme sich dorthin ausbreiten. Geist und Körper verschmelzen zu einer Einheit. Ich bekomme ein Gespür für meine Verbindung zum Transzendenten. Ich erahne meine Einheit mit der universellen Energie.
Zum Abschluss lasse ich die gesammelte feinstoffliche Energie in umgekehrte Richtung zum Stirnchakra abfließen und sich dort ausbreiten. Ich nehme die Auswirkungen wahr. Dann lasse ich die Energie weiter abfließen und spüre jeweils, wie sie absteigend die einzelnen Chakren ausfüllt. Im Wurzelchakra angekommen, erlebe ich meine Verbundenheit mit der Erde nach unten und mit der Transzendenz nach oben. Im Atem spüre ich meine Lebendigkeit.
Wenn ich die Chakrenreise beenden will, lenke ich meine Aufmerksamkeit auf ein Thema des Alltags.

Das war eine geführte Chakren-Meditation. Es wäre nicht verwunderlich, wenn die eine oder andere Stolperstelle aufgetreten wäre. Die Gründe dafür können unterschiedlichster Art sein. Entweder waren die Anleitungen nicht deutlich genug oder es war schwer möglich, sich auf einzelne Anregungen einzulassen. Selbst wenn das Sich-Ein-

lassen gelungen war, könnten Energieblockaden aufgetaucht sein, die mit unangenehmen Gefühlen verbunden waren. Hier kann wiederholte sanfte Chakren-Meditation helfen, die Energieblockierungen aufzuheben und damit gesundheitsfördernd zu wirken.
Bei einer selbstgeführten Chakren-Meditation ist es auch möglich, die den Chakren entsprechenden Farben, Gerüche oder Naturereignisse als Unterstützung zu verwenden, wie sie in Abb. 17 (S. 145) aufgeführt sind. So kann es gelingen, die Chakrenaktivität von verschiedenen Seiten her anzuregen. In einer weiteren Chakren-Meditation wollen wir einige Zusammenklänge von Natur, Farben und Gerüchen aus Abbildung 17 nutzen. Die folgende Anleitung soll zeigen, wie wir dabei vorgehen können:

Ich beginne wie beim vorherigen Mal mit aufgerichtetem Oberkörper. Ich gehe mit meiner Aufmerksamkeit zu meinem Wurzelchakra. Im Chakra lasse ich die Farbe braun oder rot entstehen. Die Farbe breitet sich in kleinen Kreisen aus. Die Farbe wird durchsichtig.
Hinter der Farbe sehe ich die braune Erde und das Abendrot am Himmel. Ich versetze mich in das Zentrum dieser Landschaft. Vielleicht ist es möglich, in dieser Landschaft Zederndurft zu riechen. Ich fühle mich erdverbunden und vom Firmament beschützt. Ich ahne die Kraft der Natur, die ich mit der Atmung in mich aufnehme.
Mit Kraft drängt es mich zum nächsten Chakra. Ich schwebe durch das Abendrot empor. Im Bereich des Genitalchakras mache ich z. B. an einem klaren See Halt. Die Farbe orange taucht auf und beginnt im Chakra zu

kreisen. Ich nehme die Farbe in mich auf. Ich spüre, wie sie mich kräftigt und aktiviert. Ich erlebe meine Schöpferkraft.
Ich gehe weiter durch die einzelnen Chakren, indem ich die zugehörigen Naturbilder, Farben und Gerüche aufrufe.
Abschließend gehe ich den Weg wieder zurück.

Es ist günstig, auf der Chakrenreise beim Auf- und Absteigen die Reihenfolge der Chakren einzuhalten, da sie sich aufeinander aufbauen. Der beste Weg führt aufsteigend durch alle Chakren. Sollten sich unangenehme Turbulenzen in einem Chakra nicht wieder glätten, gehen wir nicht zum nächsten Chakra, sondern schrittweise zurück. Bei einem späteren erneuten Versuch hat sich vielleicht schon einiges geglättet. Zur Abschwächung einer überstarken Energieaktivierung können wir auch weniger intensive Bilder, Gerüche oder Farben aufrufen. Experimentieren wir und machen wir eigene Erfahrungen!

Kontemplative Meditation

Jesus: Ich bin der Weg, die Wahrheit und das Leben

Exerzitien im Christentum

Die traditionsreiche christliche Meditation ist fast in Vergessenheit geraten. Heute erlebt sie eine Renaissance, besonders seit Pater Lassalle die Zen-

Meditation für Christen erschloss. Damit demonstrierte er die Offenheit des Christentums für fremde Einflüsse und regte gleichzeitig die Neugier für originale östliche und westliche meditative Praktiken an.
Die christliche Lehre sowie die sozialen und psychologischen Hintergründe der Meditation im Westen wurden bereits im ersten Kapitel besprochen. Wir beziehen uns in den weiteren Überlegungen darauf, um uns Wiederholungen zu ersparen.
Christliche Meditation hat das Streben zu Gott als endgültiges Ziel, wie könnte es anders sein. Christen sind da äußerst konsequent. Sie gehen soweit, die vermeintliche Leere der Zen-Meditation mit Gott zu besetzen. So wird Zen auch im Christentum ein Sinn zugefügt. Die Basis der Meditation im Westen ist die christliche Lehre. Westliche Meditation ist traditionsgemäß christliche Meditation.

Meditation und Kontemplation

Die Christen benutzen außer dem Begriff Meditation auch den Begriff Kontemplation, um zwei unterschiedliche Arten der Meditation deutlich zu machen. Meditation wird, im Gegensatz zur Kontemplation, mit den fünf Sinnen gesteuert. Über die Sinne werden der Innenschau Bilder oder Worte angeboten. Der Meditierende betrachtet einen Gegenstand oder stellt sich auf Worte ein und sucht diese zu verinnerlichen.
Kontemplation könnte übersetzt werden mit: Gesammelt im Tempel des Seins. Oder: Vereint mit

dem Göttlichen. Kontemplation ist der Versenkungsweg zum reinen Schauen und zum Gewahr-Sein der Nähe Gottes. Sie kann sich mit Vorstellungsbildern, Worten, Tönen, Atmung und Lichtphänomen verbinden. Das reine Schauen ist aber gegenstandslos. Es kann nicht bewusst oder gezielt herbeigeführt werden. Reines Schauen ist für den dazu Bereiten eine Gnade Gottes (Vgl. Abb. 1, S. 11).

In der kontemplativen Meditation können Gläubige die Liebe und Gnade Gottes erfahren. Die Liebe ist ein Grundbedürfnis der Seele. Der Mensch benötigt die Liebe wie Brot oder Wasser. Wir kennen die bildhafte Ausdrucksweise: Es dürstet uns nach Liebe. Die Nähe Gottes ist nur in Liebe erreichbar. In die Kontemplation gelangen wir nicht durch Denken, sondern mit der liebevollen Zuwendung zum Göttlichen. Die kontemplative Vereinigung mit dem Höheren können wir nicht denkend erwarten oder erreichen. In Zuneigung offen sein für das Geschenk der Gnade ist der mögliche Weg.

Da der liebende Mensch auf einen liebenden Gott bauen kann, erübrigen sich Bedenken, Unsicherheiten und Ängste. Gott sieht den ihm zugewandten Menschen nicht als erbärmliches Wesen an, sondern als erbarmenswürdiges. Der Mensch ist frei, die Gnade Gottes anzunehmen oder sie nicht zuzulassen. Er kann mit seinen schwachen Kräften beim Heilsprozess durch Empfang der Sakramente, das sind die Gnadenmittel, Mitwirken. Kontemplation bedeutet aktives mitwirken.

Anleitungen zur Kontemplation sind schwer zu formulieren, weil unser Verstand nur Begriffe und Gedanken verwenden kann, die für den begrenzten Verstandeshorizont fassbar sind. „Reines Schauen" und „bildlose Vereinigung" sind Versuche, das nicht Fassbare in Worte zu fassen. Es mit Bildern und Gleichnissen zu versuchen, ist auch ein wohlgemeinter Versuch, das Unbegreifliche begreifbar zu machen. Mit Bildern und Gleichnissen lassen sich die ersten Schritte des kontemplativen Weges bahnen.

Askese

Das frühe Christentum kennt auch den asketischen Weg zum Heil. Der heilige Antonius gründete im 3. Jahrhundert n. Chr. einen asketischen Mönchsorden. Er formulierte den praktischen Weg des Freiseins von Hab und Gut und den Weg der körperlichen Kasteiung. Er hätte sich wohl nicht träumen lassen, dass seine Gedanken beim Heilfasten des heutigen Wohlstandsmenschen eine Renaissance erleben. Ohne christlichen Hintergrund geht es um gesundheitsförderliches Abspecken. Wenige denken dabei an die Leib-Seele-Einheit. Noch weniger führen Fasten als christliche Exerzitien durch, bei denen Gott der Ausgangs- und Zielpunkt ist.
Übersättigung misst der Christ nicht in Kilogramm, sondern erlebt sie als Hindernis auf dem Weg zu Gott. Zur körperlichen Sattheit kommt die geistige Übersättigung durch die Unterhaltungsmedien. Droht der Weg zu Gott zugestopft oder zugeschnürt zu werden, sucht der Christ die Blockaden zu beseitigen. Er zieht Bilanz und kommt zu dem Schluss, dass er seine zu verän-

dernde Lebensführung mit Kontemplation oder Fasten einleiten könnte. Er hat die Möglichkeit, die Stolpersteine in eigener Regie zu beseitigen oder ein Meditationsangebot christlicher Einrichtungen zu nutzen.
Exerzitien mit Beten und Fasten werden heute hauptsächlich mit weltlichen Zielen verbunden. Die Fastenden sollen am eigenen Leibe erfahren, wie sich der Hunger betroffener Mitmenschen anfühlt und auswirkt. Verständnis für die Leiden der Mitmenschen und aktive Unterstützung des Nächsten sind die Ziele.
Franz von Assisi erhob im 13. Jahrhundert Nächstenliebe und Armut zum Ideal. Diese Leitgedanken zur Lebensführung lassen sich als Grundlage für die Meditation nutzen. Meditation geht bald über irdische Seinserfahrung hinaus, sie zielt auf höhere Seinserfahrung.

Kontemplation

Ende des 13. Jahrhunderts wendete sich Meister Eckhart gegen äußere Askese und Kasteiung. Er lehrte die überpersönliche Kontemplation. Nicht Suchen, sondern gegenstandsloses Schauen ist das Credo der Kontemplation. Als Wegbereiter bietet er Ruhe, Sammlung, Gelassenheit und Loslassen an. Wegen der Parallelen seiner Kontemplation zum Za Zen des Zen-Buddhismus ist Meister Eckhart im Osten seit langem hoch geschätzt. Bei uns war er fast vergessen. Mit dem Bekanntwerden des Zen-Buddhismus im Westen wurde auch er bei uns wieder bekannter. Die Menschen in Asien erwarten von den Menschen in Deutschland, dass sie neben Goethe auch Meister Eckhart kennen und schätzen.

Meister Eckhart, die Mystiker und später Martin Luther lehren den „Christus in dir". Martin Luther formulierte: „Christus kann hundertmal in Bethlehem geboren sein, wenn er nicht in dir geboren wird, war alles umsonst."

Präzise ausgearbeitete Meditationsanleitungen gibt Ignatius von Loyola, dessen dreibändiges Exerzitienbuch aus dem 16. Jahrhundert stammt. Sein Angebot ist im Wesentlichen eine Schweigemeditation. Da gemeinsames kontemplatives Schweigen eine der schwersten Aufgaben für viele Menschen zu sein scheint, hat er genaue Handlungsanweisungen für die Meditation verfasst.

Zu den Exerzitien gehört ein religiös kompetenter Exerzitienbegleiter. Mit dem in Aussicht genommenen Begleiter soll der Aspirant besprechen, wann und wie er die Exerzitien durchführen will. Während der Exerzitien wechseln sich Zeiten des stillen Gebets und Einsamkeit mit Zeiten des gemeinsamen Schweigens und des Erfahrungsaustausches mit dem Begleiter ab.

Neben den Handlungsanweisungen stellt das Exerzitienbuch Aufgaben, mit denen der Übende sich zu beschäftigen hat: Welche Glaubenserfahrung ist nötig, um die Welt als Schöpfung zu verstehen? Wie zeigt sich das Wirken Gottes? Zu welcher Alltagspraxis leitet der Geist Gottes an? Die Exerzitien führen dazu, das Leben aus dem Glauben heraus mit neuer Liebe und Hoffnung zu gestalten.

Die Meditationsanleitungen wurden nicht bereits mit der Religionsgründung vor 2000 Jahren formuliert. Sie wurden von den genannten Einzelpersonen im Laufe der späteren Jahrhunderte ausgearbeitet. Sie waren in ihren ursprünglichen Formulierungen der jeweiligen Zeit angepasst. Anpassungen an die heutige Zeit lassen sie zu neuem Erblühen kommen. Übersichten finden sich bei Raab.

Herzensgebete

Kontemplation ist eine das Bewusstsein und das Ich übersteigende Meditationsform. Der Geist hat da seine Grenze, wo Verstandesthemen zu Herzensthemen werden. Mit Herzensgüte und Herzensliebe können wir höhergradige Seinserfahrungen machen als mit dem Verstand.
Das Herz erscheint dann nicht als Organ, sondern als Gefühlszentrum und als Tor zum Unendlichen. Das schlagende Herz ist der Vorhof zum Unendlichkeitspalast. Unser Denken soll in der Sichtweise der christlich-orthodoxen Ostkirche vom Kopf ins Herz gehen und vom Herzen weiter zu Jesus führen. Auf diesem Hintergrund versucht die Orthodoxe Kirche eine mystische Vereinigung von Geist und Herz. Die spezielle Möglichkeit, Jesus im Herzensgebet näher zu kommen, war der christlichen Westkirche lange Zeit unbekannt.
Erst der Neugier erweckende Titel einer Veröffentlichung von Jungclausen machte das Herzens- oder Jesusgebet auch im Westen bekannt. Der Titel lautet: Aufrichtige Erzählungen eines russischen Pilgers. Die Schrift erzählt vom Sehnen

und Suchen nach der Ruhe des Herzens. Das Herz kann erst ruhig werden, wenn die mystische Vereinigung mit Gott in der Person von Jesus erreicht ist. Der Weg dorthin geht über eine näher zu beschreibende spirituelle Lebensweise und über das kontemplative Gebet.

Das Herzens- oder Jesusgebet lautet: *„Herr Jesus Christus, Sohn Gottes, erbarme Dich meiner!"* oder *„Herr Jesus Christus, Sohn Gottes, erbarme Dich unser!"* Die Worte sollen nicht mechanisch wiederholt werden. Man soll die Worte so lange „wiederkäuen", d. h. in sich bewegen, bis man mit dem Inhalt der Worte eins geworden ist. In der höchsten Stufe kommt es zur Verschmelzung mit dem Göttlichen. Die Kontemplation ist nicht auf das Herzensgebet beschränkt. Sie kann auch mit anderen Worte oder Sätzen aus dem Alten Testament und dem Neuen durchgeführt und verinnerlicht werden.

Kontemplative Herzens- oder Jesusgebete lassen sich nicht in der Hektik des Alltags durchführen. Zurückgezogenheit und Einkehr in sich selbst sind Voraussetzungen, die allein oder in gemeinsamen Exerzitien geübt werden können. In den aufrichtigen Erzählungen des russischen Pilgers finden sich weitere Hinweise zur Körperhaltung, zur Atemregulierung und zur inneren Haltung bei der Meditation. Ein erfahrener spiritueller Begleiter soll wie bei den Exerzitien des Ignatius von Loyola als Austauschpartner zur Verfügung stehen. Dieser soll dem Übenden helfen, sich auf dem neuen Terrain leichter zurechtfinden zu können und die Integration neuer Erfahrungen in den Alltag zu erleichtern.

Es folgt nun eine Anleitung zur Kontemplation des Herzensgebetes.

Persönliches Herzensgebet

Ich nehme eine gesammelte, lockere Haltung ein. Der Oberkörper ist aufgerichtet, die Schultern sind locker, der Kopf entspannt. Ich richte meine Gedanken auf mein persönliches Herzensgebet.
„Herr Jesus Christus, Sohn Gottes, erbarme Dich meiner!"
Ich wiederhole die Worte mit voller Aufmerksamkeit.
Ich vergegenwärtige mir den Inhalt der Worte.
Ich führe mir jedes einzelne Wort vor Augen.
Ich wiederhole die Worte als fließenden Satz.
Ich verbinde die Worte mit dem Rhythmus meiner Atmung.
Die Worte werden umso lebendiger, je mehr ich im Rhythmus bin und je mehr ich den Klang vor Ohren habe.
Ich finde mich schließlich im Einklang mit den harmonikalen Strukturen der Welt und des Kosmos.
Da die höheren Stufen eine Gnadengabe sind, brauche ich mich nicht darum zu bemühen.
Meine Konzentration richtet sich auf meinen Meditationssatz oder auf mein Meditationswort „Jesus ...".
Ich führe die Worte zum inneren Auge.
Ich gewinne Einsicht in die Worte.
Ich komme zu der Einsicht: Jesus ist in mir und begleitet mich durchs Leben.
Ich spreche die Meditationsworte.
Ich spüre, wie die Klangvibrationen sich im Kopf und im ganzen Körper ausbreiten.
Der Klang durchströmt mich mit reinigender Kraft.

In Demut folge ich dem inneren Klang.
Ich überlasse mich der Barmherzigkeit Gottes.
Abschließend überantworte ich meine neuen Erfahrungen meinem Herzen.
Ich nehme mir vor, im Alltag aus dem Herzen heraus zu sehen und zu hören.

Welche Erfahrungen und welche Erkenntnisse haben sich gezeigt?
Antoine de Saint-Exupéry hat es so formuliert: „Man sieht nur mit dem Herzen gut." Joachim Ernst Berendt führt in „Nada Brahma – Die Welt ist Klang" die harmonikalen kosmischen Strukturen eindrucksvoll vor Augen: Das Universum ist harmonischer Klang. Ludwig van Beethoven jubelt in seiner Ode an die Freude das erhabene „Freude schöner Götterfunke". Gefestigten Glauben vermitteln die Gregorianischen Gesänge (vgl. Steindl-Rast). Diese Gesänge erreichen das Herz ebenso, wie die auch auf CD erschienenen „Bulgarischen Stimmen", deren tiefe Gläubigkeit das Herz berührt. Mit diesen begnadeten Inspirationen können wir das Herzensgebet unterstützen bzw. sie als Basis oder Hintergrundmusik in die kontemplative Meditation einbeziehen.

Entspannungsmeditation

Mit einer meditativen Perspektive für das Autogene Training hat der Begründer Johannes Heinrich Schultz in seinem Standardwerk „Das autogene Training" (1966) den Schritt von der Entspannungsübung in die Meditation getan. Er formulierte zunächst die körperbezogenen **Grundübungen des Autogenen Trainings** um 1920. Auf autosuggestivem, d. h. selbstbeeinflussendem Wege sollen muskuläre und nervliche Spannung gelöst werden. Mit selbstgesteuerten Entspannungsübungen lassen sich harmonische Abläufe in den Organen erreichen, Atmung und Verdauung harmonisieren. Die Entspannung führt zu verbessertem körperlichen Befinden, das sich auch auf das seelische und geistige Wohlbefinden positiv auswirkt. Da im Organismus alle Funktionen regelkreisförmig miteinander verbunden sind, können wir über eine Verbesserung der körperlichen Regulierungen sogar die Grundlagen des Fühlens und Denkens harmonischer gestalten.

Mit der neuen gelassenen Haltung lassen sich die Themen und Schwierigkeiten des Alltags leichter angehen. Die **Fortgeschrittenenstufe** des Autogenen Trainings bietet über das Körperliche hinausgehend autosuggestive Mittel an, die helfen können, sich im alltäglichen Leben besser zurechtzu-

finden. Die Suggestionen zielen auf eine bessere Bewältigung von Alltagsthemen. Die Autosuggestion bei einem Unterlegenheitsgefühl könnte lauten: Ich packe es! Oder: Ich habe eine sichere Grundlage!
Bei den Fortgeschrittenenübungen tauchen auch existenzielle Fragen auf, die mit Vorsatzformulierungen nicht zu lösen sind. In entspannter Ausgangshaltung lassen sich aber eher Antworten auf Lebensfragen finden. So kam Schultz auf die Idee, die Entspanntheit im autogenen Training für **Autogene Meditation**, die er Oberstufe des autogenen Trainings nannte, zu nutzen. Die Entspanntheit dient als Einstieg für den Versenkungszustand. Im Versenkungszustand können Fragen an das Unbewusste gerichtet werden.
Da sich bewusstseinsüberschreitende Fragen nicht mit dem Verstand beantworten lassen, benutzen wir in der autogenen Meditation verschiedene östliche Meditationsformen, um einen vertieften Versenkungszustand zu erreichen, der tiefere Einsichten ermöglicht.
Da dem Europäer eine bildgeleitete Meditation eher liegt als eine gegenstandslose, aktivieren wir in der autogenen Meditation zunächst Farben, Formen und Gegenstände vor dem inneren Auge. Wie in der Mantrameditation können wir Worte oder Sätze aufrufen und schließlich Fragen an das Sein stellen. Die Fragen könnten lauten: Mein Wesenskern? Der Mitmensch? Mein Weg?
Diese Fragen überschreiten in der Meditation das Bewusstsein. Damit wir uns bei der höheren Seinserfahrung nicht im luftleeren Raum bewegen, benötigen wir ein auf die Transzendenz er-

weitertes Daseinsmodell. Wie wir bereits erfahren haben, kann dieses Modell aus einer gefestigten Weltanschauung oder in einer religiösen Verankerung bestehen.
Schultz hat für die autogene Oberstufe als Hintergrundmodell die von Sigmund Freud formulierte Psychoanalyse gewählt. Damit ist die Autogene Meditation eine nicht religiös verankerte Meditation, obwohl sie Techniken der religiös verankerten Meditationen benutzt.

Psychoanalyse

Die Basis der Psychoanalyse ist das Modell von Ich, Es und Über-Ich. Vereinfacht ausgedrückt steht das Ich für die bewussten und vorbewussten, bewusstseinsfähigen Lebensprozesse. Das Es steht für die unbewussten Prozesse und das Über-Ich für die moralische Instanz im Menschen. Die ethische Dimension ist im Über-Ich angedeutet. Im unbewussten Es ist Transzendenz zwar angedacht, aber nicht weiter ausgeführt. Für Freuds Denken waren transzendentale Erfahrungen nicht nachvollziehbar. So deutete er ihm berichtete Empfindungen von Unbegrenztheit, Schrankenlosigkeit oder Ewigkeit in „Das Unbehagen in der Kultur" (1953) als für ihn nicht nachvollziehbare „intellektuelle Einsicht, gewiss nicht ohne begleitenden Gefühlston" um.
Die eigenen Erfahrungen der Meditierenden sprengen allerdings die im Freud´schen System auferlegte Enge und führen zur Erweiterung bzw. zur transzendenten Überschreitung dieses Modells. Die transzendentale Dimension wollen wir

in Erweiterung des Freud'schen Modells „Über-Es" nennen. Wir folgen damit den Erfahrungen derjenigen, die intensiv autogene Meditation betreiben und die transzendentale Dimension im Einordnungsmodell vermissen.
Das Über-Es benennt den von Freud (unbewusst?) ausgesparten Bereich, den wir mit Begriffen wie „Höheres Sein", „Transzendenz" oder „Unendlichkeitsahnungen" zu fassen versuchen. Die östliche Weltanschauung begründet das Über-Es mit dem Dharma, dem ewigen Weltgesetz, mit Karma-Kreisläufen und der All-Einheit.
Im naturwissenschaftlich orientierten Westen versuchen manche, die Dimension des Unendlichen zu leugnen. Spätestens in der Meditation merken sie, dass ihre Naturgesetze unvollständig sind. Das irdisch verhaftete Ich erkennt eine notwendige überirdische Dimension, die es mit Verstandeskräften nicht fassen kann. So kommt es manchmal zu mit Ängsten verbundenen Erschütterungen des bisherigen Weltbildes.
Im nächsten Schritt kommt es zur Anerkennung von transzendentem Sein bzw. zur Annahme eines Weltgesetzes, das von einer höheren Instanz gesteuert wird.
Genauer betrachtet sind alle Erklärungsansätze für das Übermenschliche Leistungen unseres irdischen Verstandes. Das Ich scheint solche Erklärungsansätze zu brauchen, um sich zurechtzufinden.
Die in der Meditation spürbar werdende höhere Seinsdimension verkleinert zwar die Bedeutung des meist überschätzten Ich, was sich manchmal als schmerzlich bemerkbar macht. Die erreichte

erweiterte Seinserfahrung aber gleicht die vorübergehende Kränkung des Ich mehr als aus. Da die neue Sichtweise eher der Seinsrealität entspricht als eine begrenzt-naturwissenschaftliche, bietet sie zudem mehr Daseinssicherheit. Eine zusätzliche religiöse Begründung des Über-Es kann weitere Daseinssicherheit bieten.

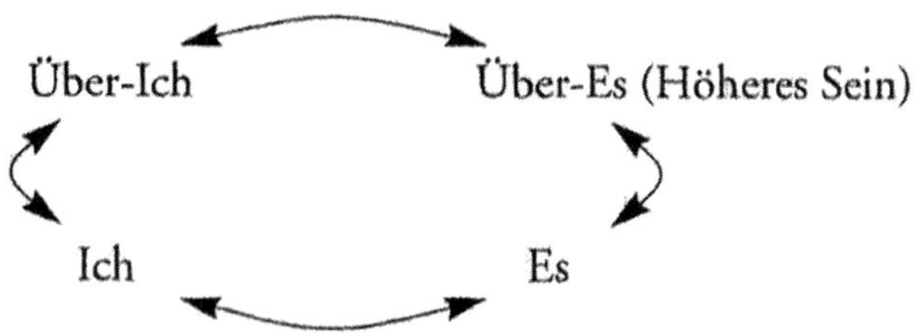

Abb. 19: *Dimensionen des Seins*

Da die Seinsdimensionen sich in einer Kreisordnung befinden und sich gegenseitig beeinflussen, ist lediglich darauf zu achten, dass keiner der Bereiche überbetont wird. Wenn die moralischen Aspekte im Über-Ich überbetont werden, kommt es zu Lebensuntüchtigkeit im Ich und zum Festklammern an einer höheren Instanz im Über-Es.
Wenn das Ich überschätzt wird, kommt es leicht zu Gewissenlosigkeit im Über-Ich und zu beschränkter Seinserfahrung wegen Ausblendung von Es- und Über-Es-Einflüssen.
Autogene Meditation bezieht sich zunächst auf das Ich. Das Ziel ist, das Ich von den Belastungen des Alltags zu ent-stressen. Dagegen ist nichts einzuwenden. Das Ich soll nur nicht der alleinige Lebensinhalt sein. Das Ich soll nicht für den

Kampf um die nächste Karrierestufe fitgetrimmt werden.
Autogene Meditation soll die Balance und damit den freien Fluss in den Dimensionen des Seins und im grenzenlosen Kreisprozess des Seins unterstützen. Dazu ist autogene Meditation gerade für den westlichen Menschen besonders geeignet.

Autogene Oberstufenpraxis

Die Oberstufenübungen des Autogenen Trainings haben ihren Ausgangspunkt in den autosuggestiven Grundübungen. Mit den Grundübungen beeinflussen wir verspannte Körperbereiche und verbessern die Entspannung. Da sich Entspannung nicht nur im Körper zeigt, sondern sich in andere Lebensbereiche ausbreitet, können wir mit Autogenem Training eine körperlich-geistig-seelische Entspannung zuwege bringen.
Diese ganzheitliche Entspannung ist eine gute Startvoraussetzung für lebenspraktische Alltagsunterstützung in der Fortgeschrittenenstufe. Autosuggestive Formeln wie „Rauchen ganz gleichgültig“ oder „Ich schaffe es“ sollen den Alltag meistern helfen.
In der autogenen Oberstufe geht es um Innenschau, Selbsterfahrung, Bewusstseinserweiterung und schließlich um transzendentale Seinserfahrung. Die Oberstufe befasst sich sowohl mit dem geistigen Weg als auch mit dem Versenkungsweg der Meditation. Wir können sie deshalb als autogene Meditation bezeichnen. Die Bausteine stammen aus der Grundstufe des Autogenen Trai-

nings, aus der Psychoanalyse, aus westlicher und östlicher Meditationspraxis.
Die Grundübungen benutzen wir, um eine entspannte Ausgangslage für die Meditation zu schaffen. Andere Einleitungen für die Meditation sind möglich. Die formelhaften Suggestionen der Oberstufe entlehnen wir auch der Grundstufe des Autogenen Trainings, ebenso das Prinzip der Formelwiederholungen. Die Standardformulierung lautet: „Vor meinem inneren Auge entwickelt sich . . ."
Aus der Psychoanalyse verwenden wir symbolträchtige Begriffe wie Brücke, Rose, Glück oder Gewissen. Die Vertiefungsformel kann lauten: „Vor meinem inneren Auge entwickelt sich eine Vorstellung. Ich sehe, spüre, erlebe eine (meine) Rose."
Vom Christentum übernehmen wir Begriffe wie Licht, Gnade, Hoffnung oder Liebe. Die Meditationsformel kann lauten: „Vor meinem inneren Auge entsteht eine Idee. Ich sehe, spüre, erlebe 'Gnade'."
Aus der östlichen Tradition verwenden wir Farb- und Formmeditation, z. B. die Farbe blau in einem Kreis. Auch die östliche Mandala-Meditation oder die meditative Vertiefung in eine Kerzenflamme kann übernommen und genutzt werden. Die Meditationsformel kann lauten: „Vor meinem inneren Auge entwickelt sich eine Farbe. Ich sehe, spüre, erlebe die Farbe (gelb)."
Im Sinne der Mantra-Meditation können wir uns anstelle des OM auf die Laute A und O oder das Amen einstellen. Wir können uns auf uns selbst oder auf andere Personen einstellen. Wir können

in der Versenkung Fragen stellen, wie „Wer bin ich?“ oder „Wohin geht mein Weg?“
Die Erfahrungen in der autogenen Oberstufe lassen sich auch psychotherapeutisch nutzen bzw. im Rahmen einer Psychotherapie einsetzen. Falls die Erfahrungen in der autogenen Meditation zu unangenehmen Erlebnissen führen, die sich nicht wieder glätten, ist psychotherapeutische Unterstützung angeraten. Qualifizierte Diplom-Psychologen kann die Deutsche Gesellschaft für Entspannungsverfahren (www.DG-E.de) nachweisen. Ausführliche Anleitungen und Hinweise zum Umgang mit eventuellen Meditationsschwierigkeiten bietet das spezielle Buch des Autors zur autogenen Oberstufe.
Hier folgt die Anleitung zu einer Farbmeditation, die auf der Farbebene die aktuelle Gestimmtheit und Eigenheiten der Person zeigen kann. Wie jeder die Bedeutung von „rot sehen“ kennt, kennen wir die fast gegenteilige Bedeutung von „sich grün sein“. Farben können Gefühle spiegeln und Gefühle fördern.

Farbmeditation

Ich führe einige Übungen aus der Grundstufe des Autogenen Trainings durch, bis ich mich in einem entspannten Zustand befinde. Dann beginne ich mit meiner Farbenmeditation:
Vor meinem inneren Auge entwickelt sich eine Farbe.
Ich sehe die Farbe.
Ich spüre die Farbe.
Die Farbe wird deutlicher.
Ich tauche in die Farbe ein.

Ich bin...
Zum Abschluss der Meditation lasse ich die Farbe zurücktreten, verschwimmen und verschwinden. Zur Aktivierung zähle ich rückwärts von Zehn bis Null. oder aktiviere, wie gewohnt.

War die Farbwahrnehmung eher deutlich oder verschwommen? War es eine Farbe, die Aktivitäts- oder Passivitätsgefühle hervorrief? War es eine einzelne oder waren es mehrere Farben? Waren die Farben in Bewegung oder statisch? Traten andere Wahrnehmungen auf? Waren diese irgendwie mit den Farben verbunden? Tauchten unerwartete Wahrnehmungen oder Empfindungen auf?
Das sind Fragen, die wir uns stellen können, um mit den Farben enger in Kontakt zu kommen. Die Fragen zeigen uns auch, welche Wahrnehmungen und Empfindungen auftreten können. Wenn uns einzelne Wahrnehmungen genauer interessieren, können wir diese bei der nächsten Farbmeditation gezielt aufrufen:

Ich beginne mit meinen Entspannungsübungen.
Dann führe ich mir Farbwahrnehmungen vor mein inneres Auge.
Vor meinem inneren Auge entwickelt sich die Farbe grün.
Vor meinem inneren Auge entwickelt sich die Farbe grün.
Ich sehe die Farbe grün.
Ich spüre die Farbe grün.
Die Farbe wird deutlicher.
Ich tauche in Grün ein.

Im Grün entsteht die bei der vorherigen Meditation unerwartete Wahrnehmung.
Ich tauche in die Wahrnehmung ein.
Ich erlebe sie.
Ich spüre sie.
Ich wähle einen Abschluss für die Meditation.

Wollte sich die Wahrnehmung als Gegenstand, Bild, Idee oder Begriff zeigen? Wir spüren ihr nach und können sie uns nach Wunsch erneut vor Augen führen.

Begriffsmeditation

Als Beispiel für eine Begriffsmeditation wählen wir den Begriff Tür oder Tor. „Tür" können wir uns gegenständlich oder als Öffnung bzw. Tor zu spiritueller Innenschau vorstellen. Eine bildhafte Tür können wir öffnen, hindurchgehen und, wenn wir wollen, neugierig weitergehen.

Einleitung . . .
Vor meinem inneren Auge entwickelt sich ein Begriff.
Ich sehe, ich spüre „Tür".
Vor meinem inneren Auge entwickelt sich die Idee von Tür.
Ich erlebe die Idee einer Tür.
Ich spüre die Idee einer Tür.
Die „Tür" öffnet sich.
Ich gehe hindurch . . .
Ich gehe weiter . . .
Ich nehme die Umgebung wahr . . .
Ich sehe mich um . . .
Ich bin dankbar für meine Wahrnehmungen.

Ich gehe den Weg zurück.
Abschluss . . .

Zeigte sich eine konkrete oder eine imaginäre Tür? War sie verschlossen oder offen? War ein Durchgehen möglich? Gab es weitere Erfahrungen? War es ein schwieriger Weg?

Halten wir uns den Leitsatz für die Meditation vor Augen:
Gehen bahnt den Weg! Tun wir es!

Der eigene Weg

Der persönliche Hintergrund

Es irrt der Mensch, so lang er strebt.
(Goethe: Faust)

Bisherige Lebenserfahrungen

„Was hat mir denn das bisherige Leben gebracht?“ schreit Monika ihren Partner Adrian an. „Tagein-tagaus hab´ ich geschuftet. Haushalt, Büro und Haushalt, Büro, eine ewige Mühle. Und wofür? Damit die Kinder es einmal besser haben sollen. Ja, aufgeopfert habe ich mich. Und was ist der Dank? Aufsässig und unverschämt sind sie. Nur von Haben und Haben-Wollen reden sie. Was wir mit 30 Jahren hatten, wollen die schon mit 15 haben. Wo soll das nur enden? Ich weiß mir keinen Rat mehr. Ich bin verzweifelt!“
Adrian fühlt sich angegriffen und widerspricht kleinlaut: „Aber denk´ doch auch an die schönen Zeiten! Es war doch nicht immer so. Und irgendwie wird es schon weitergehen.“
„Aber wie soll es weitergehen? Soll ich alles schlucken, bis ich zugrunde gehe, oder soll ich

mich vom Stress auffressen lassen?", entgegnet Monika und weint.
„Sieh nicht alles so schwarz!" sagt Adrian, was dazu führt, dass Monika „rot" sieht, weil sie sich nicht verstanden fühlt.
So oder so ähnlich klingen manche häuslichen Szenen zwischen Einkaufen und Essen oder zwischen Spülen und Fernsehen.
So lautstark geht es bei uns nicht zu, wendet der Hörer ein. Mag wohl wahr sein, wir sind alle gleich. Also Szenenwechsel:
Wolfgang ist Fan von schnellen Autos und versucht seine Freundin Eva anzustecken: „Das ist echt geil, wenn man so durch die Landschaft jagt, mit den ganzen PS unter der Haube."
„Ich stelle mir unter geil was anderes vor", entgegnet Eva.
„Das mußt du mal erleben" schwärmt Wolfgang weiter.
„Was?" fragt Eva.
„Na das!" sagt Wolfgang.
„Ich hasse dich", zischt Eva und zieht sich schmollend zurück.
Da nicht jeder einen Auseinandersetzungspartner hat, folgt ein weiterer Szenenwechsel.
Nicole lebt allein. Manchmal denkt sie bei sich: „Eigentlich habe ich es doch ganz gut: keine Geldsorgen, keine Beziehungskiste, keinen, der mich ärgert, keinen, um den ich mich kümmern muss. Nun gut, aber was habe ich stattdessen? Wozu bin ich denn nütze? Hätte ich nur eine Aufgabe, die mich ausfüllt."
Sicher, die Ausdrucksformen und Sichtweisen der Menschen sind recht unterschiedlich. Das hängt

mit den eigenen Erfahrungen zusammen oder mit der Übernahme fremder Meinungen bzw. mit Werteeinflüssen.

Der Acker des Lebens

Als punktuelle Einflüsse oder als Samenkörner auf einem Acker können die aktuellen Erlebnisse spezielle Früchte tragen. Die Gefahr besteht darin, dass einzelne Samenkörner bzw. die daraus entstehenden Pflanzen über Gebühr gepflegt werden. Auf dem Acker des Lebens kommt es zu Übermacht einzelner Arten und zu Monokulturen, die dann mit chemischen Mitteln bekämpft werden.
Beim Menschen äußert sich das in einseitigem, manchmal extremem Denken und Fühlen, das von der ganzen Person Besitz ergreift. Die extremen Empfindungen oder Schmerzen werden oft chemisch zu bekämpfen versucht. Viele kennen die folgenden Äußerungen, die auf einem verwüsteten Acker nur kranke Monokulturen zulassen: „Ich kann nicht mehr!" oder „Ich habe die Arschkarte gezogen!" oder „Ich will Spaß!" oder „Ich habe keinen Bock!"
Wie der unökologisch arbeitende Landwirt sein Handeln nicht kritisch hinterfragt, überprüft der einseitig denkende Mensch sein Handeln nicht. Er benutzt die chemische Keule im Form von Beruhigungstabletten, Blutdrucksenkern bzw. Aufputschmitteln. Außerdem steht ihm ein Arsenal von Rauschdrogen und Ablenkungselektronik zur Verfügung. So verhindert er Nachdenken. Über kurz oder lang entstehen vegetative Störungen und eine seelische Wüstenlandschaft.

Der Leser wendet ein: „So dramatisch sieht es bei mir Gott sei Dank nicht aus!" „Gott sei Dank?", fragt Faust und fährt fort: „Die Botschaft hör′ ich wohl, allein mir fehlt der Glaube". Der Wissenschaftler Faust, begibt sich auf den Weg des Antichristen und verkauft seine Seele an den Teufel. Wahrlich, so dramatisch soll es bei unseren Akteuren nicht werden.
Was ist bei aller Verschiedenartigkeit der geschilderten Fälle das Gemeinsame? Allen mangelt es an einer tragfähigen Basis. Die Akteure verlieren den Blick für das Ganze und für das Gemeinsame. Sie neigen dazu, Einzelheiten überzubetonen und zu extremisieren. Es geht ihnen um schnelle Bedürfnisbefriedigung. Geld wird zum Machtfaktor und das Warenhaus zum Konsumtempel. Die Werbung blendet, der Konsumdrang macht ichbezogen und einsam. Beziehungsmängel zum eigenen Innenleben und zum Mitmenschen sind weitere Folgen. „Liebe deinen Nächsten wie dich selbst!" klingt fremd in einer seelenarmen Konsumgesellschaft. Nicht einmal mit der eigenen Person gehen wir pfleglich genug um. Wir verlieren mehr und mehr die Fähigkeit, körperliches Befinden wahrzunehmen. Wir bemerken Körperreaktionen nur noch, wenn sie massiv gestört sind oder nicht so ablaufen, wie wir es gewohnt sind. Gestörte Körperfunktionen bewerten wir als Schwäche des Organismus. Da „Stärke" gefragt ist, wird „Schwäche" bekämpft oder ausgeblendet. Körperliche Warnsignale werden betäubt

oder bagatellisiert. Die Folgen sind psychovegetative Störungen oder Organerkrankungen.
Monika war nicht hellhörig geworden, als sie unzufriedener wurde. Sie bemerkte nicht, wie sich der Kreisprozess von Unwohlfühlen und psychovegetativen Beschwerden in Gang setzte. Es fing vor Jahren mit leichten Verspannungen und Verkrampfungen der Muskeln im Schulterbereich an. Danach stellten sich Einschlafschwierigkeiten ein; das Durchschlafen klappte nicht mehr so gut. Anlässe waren kleine Alltagsärgernisse, wie das verspätete Nachhausekommen der Tochter. Da die Beteiligten sich über die Ärgernisse nicht austauschten, sondern sich jede über die andere beklagte und sie beschuldigte, wurden die Alltagsbelastungen größer, verstärkten sich die psychovegetativen Störungen.
Bei der unausgeglichenen Monika zeigten sich bald Konzentrationsschwierigkeiten, Reizbarkeit, Aggressivität und Herzrasen. Sie wurde unbesonnener, unsicherer, plagte sich mit innerer Unruhe, Beklemmungsgefühlen, Kopfschmerzen und Magenbeschwerden. Monika war in den Teufelskreis des Kampfes um Kleinigkeiten geraten.
Dieser Kampf zog psychische und vegetative Störungen nach sich, die sich gegenseitig verstärkten. Die sichere Lebensbasis ging verloren, ganzheitliches Erleben wurde immer schwerer, der Kontakt mit der Innenwelt wurde immer schwieriger. Der Glaube an einen gerechten Gott trat immer mehr zurück. Monika ließ durch kämpferische Überbewertung von Alltagsthemen ihr Seelenleben und ihren Körper versauern.

Das einseitige Genussstreben des Autonarren Wolfgang führte im Laufe der Zeit zu Beziehungslosigkeit, Verdruss und Depression. Die sichere Basis ging auch ihm verloren. Er hat sich festgefahren, er leidet unter seiner Einseitigkeit, ihm ist allerdings nicht klar, was ihm fehlt.
Die alleinlebende Nicole hat sich auch mit ihrem vermeintlich problemlosen Leben festgefahren. Ihre Einsamkeit macht ihr zu schaffen. Im Gegensatz zu Wolfgang sucht sie jedoch aktiv nach einem sinnvollen Weg.
Monikas Partner Adrian ist mit seinem Leben abgesehen von den häuslichen Schwierigkeiten weitgehend zufrieden. Er fühlt sich in seinen beruflichen Aktivitäten und in seinen kulturellen Interessen wohl. Aber auch er spürt ein Unbehagen, er spürt, dass Arbeit und Freizeitgestaltung nicht alles im Leben sind. Er spürt: Da muss noch mehr sein. Dieses Mehr vermutet er nicht im materiellen Bereich. Da ist er genügsam, er hat fast alle Dinge, die er sich wünscht. So begibt er sich auf die Suche nach etwas, von dem er noch nicht weiß, was es sein könnte, nach etwas, was für ihn noch im Nebel liegt. Er durchforstet die Gesundheitsliteratur und stößt auf Selbsthilfeprogramme, die besseres Funktionieren von Körper und Seele versprechen. Er wird bekannt mit Herzkreislaufprophylaxe und mit Entspannungsübungen. Diese tun ihm gut, lösen aber nicht sein Unbehagen.
Ihm wird langsam klar: Er sucht ein sicheres Fundament für sein Leben. Ihm fehlt die ganzheitliche Verankerung seiner Person in der Welt und im Kosmos. Er möchte mehr Gewissheit über seine Basis in der Welt. Gleichzeitig schreckt er aber

vor neuen Erkenntnissen zurück, weil er nicht weiß, ob sie angenehm für ihn sein werden.
Die grundlegenden Fragen kennt er: Worin besteht der Sinn des Lebens? Was kommt nach dem Tode? Diese Fragen sind so gewaltig und er hat keinen Plan, sie zu beantworten. So lebt er weiter auf der Suche nach dem Fundament. Er ist überzeugt, dass ein sicheres Fundament auch für seine Angehörigen ein erfüllteres Leben auf ganzheitlicher Basis schaffen wird.

Neue Orientierungen

„So wie bisher kann es nicht weitergehen" lautet die Zwischenbilanz von Monika. Die von Adrian lautet: „Es gibt noch andere Dimensionen des Daseins, die mir noch fremd sind."
Bei aller Unterschiedlichkeit der Bilanzen ist doch in beiden Äußerungen das Drängen nach neuen Orientierungen deutlich. Monika sucht den Weg zur Harmonie. Adrian sucht den Weg zur höheren Seinserfahrung.
Wie können beide erfahren, dass Meditation ein geeigneter Weg zu ihren Zielen ist? Manchmal gibt es gute Freunde, die mit einem Gespräch oder mit einem Buch den Anstoß geben. Die Wegbereiter brauchen keine besonderen Ratschläge zu geben. Es kommt darauf an, ob ein Samenkorn auf harten oder auf weichen Boden fällt. Auf hartem Boden verdorrt das Samenkorn, auf weichem Grund kann es Wurzeln schlagen.
Wie aber wird aus einem verhärteten Grund ein aufnahmebereiter Boden? In der Landwirtschaft

geschieht das durch Wässern und Ackern. Wenn wir das Bild auf den Menschen übertragen, sind Weinen und geistige Auseinandersetzung eine Möglichkeit, die verhärteten Grundlagen, Einstellungen und Verhaltensweisen aufzuweichen.
Zum Weinen kommt es in existentiellen Krisensituationen, wenn wir uns in die Enge getrieben oder schlecht behandelt fühlen. Dies sind negativ gefärbte Erlebnisse, die wir nicht freiwillig herbeiführen. Wenn wir zukünftig weinen, wollen wir die dabei auftretenden Erlebnisse als Ausgangspunkte für Neuorientierung nutzen. Die Ursachen der Tränen können wir dann in Samenkörner verwandeln.

Auf der Suche

Wenn Monika den Eindruck hat, sich festgefahren zu haben, schaut sie auf dem zurückgelegten Weg nach den Ursachen ihrer Tränen. Sie hat sich für die Kinder „aufgeopfert" und ist von den sichtbaren Ergebnissen enttäuscht. Der Grund für die Aufopferung war: „Die Kinder sollen es einmal besser haben." Dieser Gedanke war das Samenkorn für ihr Handeln. Dieses Samenkorn hat Wurzeln geschlagen und Wildwuchs hervorgebracht. Sie hegt die Pflanze mit Aufopferung und nährt sie mit Tränen. Sie ist so festgefahren, dass sie nicht auf die Idee kommt, die Pflanze zu kultivieren, zu beschneiden oder eine neue Hoffnung zu begründen.
Die neuen Ideen führen vorwärts und nicht rückwärts. In der Praxis ist darauf zu achten, dass Wildwuchs zurückgeschnitten wird. Eine erkann-

te falsche Entwicklung soll an den Wurzeln behandelt werden. Die gewonnenen Erfahrungen können dann Lehrmeister für die weitere Entwicklung sein. Oft muss es zu einer existentiellen Krisensituation kommen, ehe tiefgreifende Veränderungen ins Auge gefasst werden. Zukünftig wollen wir Krisen als Chancen zur Neuorientierung sehen und nutzen.
Bei Adrian sind es die täglichen Querelen, die ihn gefangen nehmen und mürbe machen. Er will sich aus den alltäglichen Verhaftungen befreien und erinnert sich an seine christlichen Grundlagen. Der Weg der Kirche widerstrebt ihm jedoch. Dort ist ihm so viel Scheinheiligkeit begegnet. Obwohl dies kein Gegenargument für seinen weiteren Weg zu sein braucht, hat er nicht den Eindruck, in der Kirche die für ihn gültigen Antworten auf grundlegende Fragen des Lebens zu finden. Wie Monika in ihrer Krise sucht Adrian in seinem Verhaftetsein im Alltag nach Antworten auf existentielle Fragen:
Worin bestehen meine Aufgaben? Bin ich zum Leiden auf dieser Welt? Worin besteht der Sinn des Lebens? Gibt es ein zukünftiges Leben?
Die existentiellen Fragen brauchen wir nicht unbedingt auf christlicher Basis zu beantworten. Wer wenigstens eine dieser Fragen für sich selbst zufriedenstellend beantworten kann, wird sich weniger mit Ängsten oder gesundheitlichen Störungen plagen müssen. Mit Enttäuschungen und Erschütterungen im Verlaufe des Lebens können diejenigen leichter umgehen, die eine überpersönliche Verankerung haben.

Der neue Weg

Jeder neue Tag bietet die Möglichkeit zu einer neuen Erfahrung.

Selbstfindung und Selbstentfaltung

„Schon verstand er, lautlos das OM zu sprechen, das Wort der Worte, es lautlos in sich hinein zu sprechen mit dem Aushauch, mit gesammelter Seele, die Stirn umgeben vom Glanz des klar denkenden Geistes. Schon verstand er, im Inneren seines Wesens Atman zu wissen, unzerstörbar, eins mit dem Weltall." (Hesse, S. 7)
Der Brahmanensohn Siddhartha Gautama übte sich in Mantra-Meditation, war aber noch dem Verstandesweg der Erkennens verhaftet. Er befand sich noch nicht auf dem Versenkungsweg der Innenschau und Einsicht. Er sucht mit dem Verstand nach spiritueller Tiefe: „Aber wo, wo war dies Ich, dies Innerste, dies Letzte? Es war nicht Fleisch und Bein, es war nicht Denken noch Bewusstsein, so lehrten die Weisesten. Wo, wo also war es? Dorthin zu dringen, zum Ich, zu mir, zum Atman – gab es einen anderen Weg, den zu suchen sich lohnte ? Ach, und niemand zeigte diesen Weg, niemand wusste ihn, nicht der Vater, nicht die Lehrer und Weisen, nicht die Heiligen Opfergesänge! Alles wussten sie, die Brahmanen und ihre heiligen Bücher, alles wussten sie, um alles hatten sie sich gekümmert und um mehr als alles, die Erschaffung der Welt, das Entstehen der Rede, der Speise, des Einatmens, den Ausatmens,

die Ordungen der Sinne, die Taten der Götter – unendlich vieles wussten sie –, aber war es wertvoll, dies alles zu wissen, wenn man das Eine und Einzige nicht wusste, das Wichtigste, das allein Wichtige?“ (Hesse, S. 9)
Siddhartha Gautama, der spätere Buddha sucht, irrt, verirrt sich, macht neue Erfahrungen, sucht weiter, irrt weiter. Schließlich gibt er das Suchen auf und findet Einsicht in spirituelle Tiefen. Er erfährt etwas von der All-Einheit. In tiefer Meditation ist die Zeit aufgehoben, alles Sein ist gleichzeitig, ist Einheit. Selbst der spätere Buddha kann das Wesen der All-Einheit nicht in Worte fassen. Denn Wissen ist mitteilbar, Weisheit nicht. Erklärungen sind einseitig, Seinserfahrungen sind einheitlich.
Hermann Hesse beschreibt wunderbar einfühlsam den Weg Siddharthas vom Wissen-Wollen zur Einsicht und Weisheit. Der Text eignet sich ausgezeichnet, unseren neuen Weg der Selbstfindung zu begleiten. Hesse ist es gelungen, in den verschiedenen Entwicklungsstufen Siddharthas östliche Weisheit für den westlichen Menschen nachvollziehbar zu machen. Eines ist allerdings zu beachten: Der Text darf nicht schnell oder wie ein Roman gelesen werden. Satz für Satz soll er gelesen werden, langsame Sitar- oder Tambura-Musik kann das Lesen begleiten. Nach jedem Satz können wir uns eine zum Text passende Meditation wählen bzw. ein Wort aus dem Text auswählen und in der Meditation offen für neue Erfahrungen sein.

Mantra-Meditation

Die Mantra-Meditation ist uns in ihren Grundzügen bereits bekannt. Hier kommen wir mit Meditationsbeispielen auf sie zurück. Die von Hesse benutzten Worte: OM, lautlos, Seele, Glanz, ... können wir in unserer nächsten meditativen Einstellung nutzen. Über die Fragen im Text und über eigene Fragen zum Text können wir meditieren.

Ich nehme meine Meditationshaltung ein.
Ich lenke meine Aufmerksamkeit auf das Mantra OM.
Ich denke OM.
Ich intoniere OM.
Ich spüre OM.
OM schwingt in mir.
Ich bin im OM.
Ich erlebe Seele – Beseeltheit.
Ich folge auftauchenden Regungen.
Ich spüre Seele.
Ich erlebe Seele.
Ich erlebe Beseeltheit.
Ich bin beseelt.
Ich stelle meiner Seele eine Frage.
Ich horche auf die Antwort.
Abschließend bedanke ich mich für das Erleben.
Ich aktiviere wie gewohnt.

Die Meditation braucht nicht in den vorgeschlagenen Schritten abzulaufen. Sie entwickelt immer ihre Eigendynamik und die gerade passende Richtung. Wenn wir gerade keine eigenen Begriffe oder Fragen zu Verfügung haben, um die Medita-

tion einzuleiten, können wir Begriffe und Fragen aus dem vorliegenden Buch auswählen. Verschiedene Texte, die sich zur Meditation eignen, können wir der Bibel, den Upanishaden, der Bhagavadgita und den Reden Buddhas entnehmen.
Der suchende Adrian stößt auf den Satz Buddhas: *„Es ist der Durst, welcher zur Wiedergeburt führt." (Reden, S. 33).* Ob er den Ausspruch buddhistisch oder christlich versteht, enthüllt ihm seine Meditation.
Die enttäuschte Monika stößt auf den Satz:
„Du darfst der Pflicht dich nicht entziehen,
Entbehrt sie auch der Mängel nicht,
Denn Übel sind in jedem Tun,
Auch Rauch umhüllt des Feuers Licht." (Bhagavadgita 8, 48)
Bei Lao-Tse findet sie einen Satz, den sie sich meditativ zu eigen macht, nachdem sie im Gegenteil einen Grund für ihre Misere erkannt hatte:
„Ist das nicht, weil sie ohne Eigennutz?
Darum vermag sie, ihr Eigen zu vollenden." (Tao-Te-King 7, 17)
Zuversicht gibt ihr und ihrem Partner der Ausspruch Jesu:
„Zum Gericht bin ich in diese Welt gekommen, damit die nicht Sehenden sehen und die Sehenden blind werden." (Johannes 9, 39)
Wie beschreibt Krishna den Menschen, der sich im Gleichgewicht befindet?
„Er hat alles Verlangen verworfen.
Er ist erfüllt in sich und durch sich." (Bhagavadgita)
Denken wir stets daran, dass wir diese Sätze nicht an den analysierenden Verstand richten. Nur auf dem meditativen Versenkungsweg sind sie Hilfen

zur Seinserfahrung, Selbstfindung und Selbstentfaltung (vgl. Abb. 1 auf Seite 11: Verstandesweg und Versenkungsweg in der Meditation).

Zen & Co.

Der Autofan Wolfgang findet weder zum Versenkungsweg noch zum Verstandesweg der Meditation Zugang. Eines Tages hört er etwas von der Kunst des Bogenschießens. Er stellt sich darunter eine chinesische Kampfsportart vor, so etwas interessiert ihn. Er belegt einen Kurs und ist zunächst enttäuscht von den „sturen" Übungen. Er gibt aber nicht sofort auf, weil er merkt, dass die Übungen dazu beitragen, seine Kunst des Autofahrens zu perfektionieren. Die innere Sammlung und Achtsamkeit, die er im Zen-Buddhismus kennenlernt, wendet er als neuen Kick zur Steigerung des Fahrerlebens an. Er perfektioniert die Technik und findet in der Beschäftigung mit dem Zen-Bogenschießen Zugang zu den Sichtweisen des Zen-Buddhismus. Neben dem Autofahren werden auch andere Dinge des Alltags für ihn wichtiger. So beschäftigt er sich, vom Straßenverkehr ausgehend, mit Rüpelhaftigkeit und Aggressivität. Er probiert, damit auf Zen-Art umzugehen. Innere Zufriedenheit und Neugier auf Neues sind die Ergebnisse. Zu einem angebotenen Za-Zen-Kursus kann er sich noch nicht durchringen. Stattdessen fragt er Eva, ob sie mit ihm an einem Tai-Chi-Kurs teilnehmen möchte. Eva ist über die gemeinsame Aktivität begeistert. Beide machen beglückende Erfahrungen mit sich und mit ihrem Partner. Das eigene Erleben wird tiefer und das Miteinander

intensiver. Beide überlegen, ob sie einen Kurs in tantrischer Liebeskunst anschließen sollen. Sie begnügen sich jedoch vorerst mit ihren bisher gemachten neuen Erfahrungen. 'Man soll nichts übertreiben' ist eine ihrer gemeinsamen Erkenntnisse.
Die alleinlebende Nicole findet eher zufällig den Weg in eine Yoga-Gruppe. Die Übungen tun ihr gut und ihre Erfahrungen in der Yogagruppe geben ihr neuen Halt. In der Gruppe lernt sie Doris kennen. Doris ist im sozialen Bereich und in der Kirche engagiert. Da beide einiges zusammen unternehmen, bleibt es nicht aus, dass Nicole zu einem religiösen Gesprächskreis mitkommt, eine Fastenmeditation mitmacht und sich an sozialen Projekten beteiligt. Sie fühlt sich ausgefüllt und erfüllt. Sie achtet darauf, sich nicht zu übernehmen. Doris hingegen entwickelt sich immer mehr zur Sozialaktivistin. In ihrem apostolischen Bekehrungs- und Aktionsdrang verliert sie das rechte Maß, die Kräfte lassen nach. Sie fühlt sich ausgelaugt, Erkältungskrankheiten treten auf, Herzrhythmusstörungen kommen hinzu. In dieser Situation kann Nicole ihrer Freundin weiterhelfen. Sie lehrt sie, auch an sich selbst zu denken, mit ihrem Selbst und ihrem Körper pfleglicher umzugehen. Sie frischen die Grundübungen des Autogenen Trainings auf und nehmen an einem Oberstufenkurs teil. Nicole genießt es, ihre aktuellen Stimmungen mit Farbmeditation beeinflussen zu können. Doris findet den Versenkungsweg zu ihrem Inneren in der Mantra-Meditation. Über ihre jeweiligen Erfahrungen tauschen sie sich aus.

Sinnfragen

Die Fragen zum Sinn des Lebens diskutieren und meditieren beide. Sie haben gelernt, Antworten nicht mit dem Verstand zu geben, sondern die Antworten sich meditativ entwickeln zu lassen. Die existentiellen Fragen beantworten sie nicht nur auf christlicher Grundlage, sondern auch auf der Basis ihrer neuen Erfahrungen. Sie erfahren, dass der Sinn des Lebens auch in der eigenen Person liegen kann: „Ich lebe, um zu erleben." Oder: „Ich lebe, um den heutigen Tag zu meistern." Oder: „Ich lebe, um Freude zu geben." Oder...

Wer sich zu einer Religion bekennen kann, ist in der Sinnfrage im Vorteil, weil er einfache, eindeutige, allgemeingültige Antworten auf seine Fragen erhalten kann. Eventuell vorhandene Glaubenszweifel können allerdings zu neuen Schwierigkeiten führen.

Vor allem die Frage nach dem Sinn allen Daseins soll sich jeder Meditierende zur ganzheitlichen Absicherung seines Tuns stellen. Die eigene Lebensgeschichte, die bisherigen Erfahrungen, der gegenwärtige Erkenntnisstand und die in der Meditation bereits gewonnenen Einsichten können zu Rate gezogen werden. Wenn notwendig, sollen die Fragen der eigenen Person gegenüber schonungslos beantwortet werden. Leben heißt wachsen (Buchmann). Sollten die Antworten für das Ich vorübergehend schmerzlich sein, haben wir bisher Illusionen über die Fähigkeiten des Ich angehangen. Die Beschneidung der Macht des Ich und die Erfahrung des Über-Es öffnen Wege zu erweiterter Seinserfahrung. Selbstfindung und

Selbstentfaltung sind dann beglückende neue Seinserfahrungen. Das „Ich“ ist auf den Verstandesweg beschränkt, das „Selbst“ ist zu Einsichten auf dem Versenkungsweg fähig (vgl. Abb. 1 auf Seite 11 und Abb. 20 auf Seite 200).

Achtsamer Umgang mit sich selbst

„Die Liebe, o Govinda, scheint mir von allem die Hauptsache zu sein. Die Welt zu durchschauen, sie zu erklären, sie zu verachten, mag großer Denker Sache sein. Mir aber liegt einzig daran, die Welt lieben zu können, sie nicht zu verachten, sie und mich nicht zu hassen, sie und mich und alle Wesen mit Liebe und Bewunderung und Ehrfurcht betrachten zu können.“ So spricht Siddhartha bei Hermann Hesse (S. 117).
Govinda entgegnet, die Lehre des Erhabenen gebiete Wohlwollen, Schonung, Mitleid, Duldung, aber ausdrücklich nicht die an Irdisches gebundene Liebe. Siddhartha lässt sich nicht auf einen Streit um Worte ein. Für ihn, den Weisen, ist nicht die Auslegung von Worten wichtig, für ihn sind die auf Worte folgenden Taten von Bedeutung. Aus erdulden kann lieben werden, wenn wir uns mit ganzem Herzen und ganzer Seele auf den zeitlosen Augenblick einlassen.
Aus der Einsicht eines Weisen dürfen wir nun kein Programm machen. Weisheit und Liebe lassen sich nicht mit dem Verstand herbeiführen, sondern im meditativen Tun erfahren. Adrian hat das Glück, Liebe und Weisheit in der Rückbesinnung auf seine christliche Verankerung erfahren

zu können. Seine meditative Besinnung gibt ihm neue sinnstiftende Kraft und formt sein weiteres Leben. Seine Sicht der Welt wird überlegener, souveräner. Er lässt sich von den Alltagsquerelen nicht mehr lähmen. Leben in religiöser Verankerung und Erleben in innerem Wohlgefühl haben eine höhere Bedeutung bekommen. Er bespricht seine neue Weltsicht mit Monika, die zunächst verblüfft ist. Ihr war aufgefallen, dass Adrian sich kaum mehr in ihre Angelegenheiten einmischt oder ungebetene Ratschläge gibt. Sie hatte befürchtet, Adrian wolle sich von der Familie distanzieren. Nun ist sie froh zu hören, dass „nichts Ernstes" dahintersteckt. Adrian nutzt die Gelegenheit, die Ernsthaftigkeit seines Gesinnungswandels Monika mitzuteilen und mit ihr zu teilen. So beseelt hatte sie ihn noch nie von einem Thema sprechen gehört. Monika spürt die Echtheit von Adrians wiedergefundener religiöser Orientierung und vernimmt eine spontane Resonanz in ihrem Inneren. Das hätte sie ihrem Adrian nicht zugetraut. Bei diesem Gedanken öffnet sich eine Sperre in ihrem Inneren: Wenn Adrian zu seinen Daseinswurzeln zurückkehren kann – warum soll sie sich das verbieten?

Äußerer und innerer Einklang

Materielle Bedürfnisbefriedigung schien ihr die Devise in der Familie zu sein. Die ideellen Bedürfnisse schienen dabei auf der Strecke geblieben zu sein, von höheren Bedürfnissen ganz zu schweigen. Monika fühlt sich liebevoll zu Adrian hingezogen. Sie nimmt den Beginn eines neuen Ein-

klangs wahr und spürt neu entstehende Harmonie. Sie ist glücklich. Sie erfährt, dass auch sie die Themen des Alltags nicht mehr überbewerten braucht. Ihre Sperre zur überpersönlichen Seinserfahrung löst sich auf. Das ganze Leben steht ihr nun einheitlich zur Verfügung. Vom alltäglichen Kampf ist sie zu metaphysischer Verankerung gelangt. Diese Erfahrung bereitet ihr ein Glücksgefühl. Mit ihren neuen Einsichten kann sie zufriedener leben. Mit ihrer neuen Haltung kann sie die Alltagsthemen gelassener angehen.
Damit die Türen zur spirituellen Innenwelt offen bleiben, schließt sich Monika einem kirchlichen Meditationskreis an und lernt dort Za-Zen kennen und schätzen. Gemeinsam mit Adrian nimmt sie an einem Kur für Autogene Meditation teil. In diesem Zusammenhang lernen sie die Mandala-Meditation kennen. Jetzt möchten sie diese Möglichkeit der Seinserfahrung nicht mehr missen. Ein Ergebnis ist, dass sie intensiver leben und mit ihren Mitmenschen sanfter als früher umgehen.
Wolfgang findet über die Zen-Künste den Weg zu seinem Innenleben. Im Tai-Chi finden er und Eva einen sanfteren Umgang miteinander. Nicole hat über Yoga und die Autogene Oberstufe zu sich selbst gefunden. Mit der Mantra-Meditation unterstützt sie den tagtäglichen Zusammenklang von äußeren Ansprüchen und innerem Sein. Wenn sie den Eindruck hat, unbedachtsam zu sein, meditiert sie zum Mantra „Ich bin ich". Wenn sie sich überfordert fühlt, meditiert sie zu „Selbst sein". Wenn sie sich wohlfühlt, meditiert sie „OM" oder „Amen", wenn sie sich unwohl fühlt, meditiert sie „Amen" oder „OM".

Wenn sie unsicher ist, ob sie auf dem Verstandes- oder auf dem Versenkungsweg meditiert, orientiert sie sich in der Abbildung 1. Solche äußeren Orientierungen braucht sie immer seltener, da sie ein feines Gespür dafür entwickelt hat, ob sie sich auf dem äußeren Verstandesweg oder auf dem inneren Erfahrungsweg befindet und welcher Weg im Augenblick der richtige ist. Seither geht sie mit ihrem Ich und ihrem Selbst viel achtsamer um. Ihr Leben ist sinnvoller geworden. Zur Orientierung auf dem inneren Weg verwendet sie die Stufenfolge der Versenkung in den meditativen Systemen (siehe Abb. 20 und 21, Seite 200 ff.). Dieser Überblick gibt ihr manchmal eine Anregung für die nächste Meditation. In der Abbildung 1 kann sie überprüfen, wie weit ihr die Versenkung gelungen ist. Leistungsansprüche hat sie zurückstellen können. Sie ist dankbar für alles, was sie tun darf und für alle neuen Erfahrungen. Sie ist dankbar für das intensivere Leben und Erleben, das sie mit Hilfe der Meditation erreicht hat.

Sie wünscht sich, daß viele Mitmenschen den Weg zur Meditation finden und ähnliche beglückende Erfahrungen machen.

Anhang

Literaturhinweise

zur weiteren Beschäftigung mit den angesprochenen Themen:

Allen, Marcus: Tantra für den Westen. Rowohlt, Reinbek, 2000

Berendt, Joachim-Ernst: Kraft aus der Stille, Vom Wachsen des Bewusstseins. Droemer/Knaur, München, 2010

Berendt, Joachim-Ernst: Nada Brahma – Die Welt ist Klang. Suhrkamp, Frankfurt, 2007

Berger, Kevin und Todd: Zen Driving. Ballantine, New York, 1988

Bhagavad Gita – Das Lied der Gottheit. Reclam, Stuttgart, 1994

Brenner, Helmut: Autogenes Training. Pabst Publishers, Lengerich, 2004

Brenner, Helmut: Autogenes Training Oberstufe / Autogene Meditation, Wege in die Meditation. Pabst Publishers, Lengerich, 2010

Buchmann, Knud Eike: Flügelschlag der Seele. Herder, Freiburg, 2007

Die Bibel – Altes und Neues Testament. Pattloch, München, 2005

Die Reden des Buddha. Reclam, Stuttgart, 1995

Engel, Klaus: Meditation – Geschichte, Systematik, Forschung, Theorie. P. Lang, Frankfurt, 1999

Feldenkrais, Moshé: Bewusstheit durch Bewegung. Suhrkamp, Frankfurt, 1996

Fontana, David: Kursbuch Meditation. Fischer, Frankfurt, 1996

Glasenapp, Helmut von: Die fünf Weltreligionen. Diederichs, München, 2005

Hesse, Hermann: Siddhartha. Suhrkamp, Frankfurt, 2007

Huyser, Anneke: Das Mandala-Arbeitsbuch. Goldmann, München, 1996

Jungclausen, Emmanuel (Hrg.): Aufrichtige Erzählungen eines russischen Pilgers. Herder, Freiburg, 1993

Lao-Tse: Tao-te-king. Reclam, Stuttgart, 1979

Loyola, Ignatius: Exerzitien. Johannes, Freiburg, 1993

Meisig, Konrad: Klang der Stille. Herder, Freiburg, 1997

Meister Eckhart: Zieh aus, um zurückzukehren. Herder, Freiburg, 1990

Moegling, Barbara und Klaus: Tai Chi. Goldmann, München, 1997

Ott, Uwe: Meditation für Skeptiker. O.W. Barth, München, 2010

Raab, Peter (Hrg.): Meditieren – wie und wo. Herder, Freiburg, 1996

Sacharow, Boris: Das ist Yoga? Humboldt, München, 2002

Sharamon, Shalila, Baginski, Bodo: Das Chakra-Handbuch. Windpferd, Schangrila, 2007

Steindl-Rast, David: Musik der Stille, die Gregorianischen Gesänge und der Rhythmus des Lebens. Herder, Freiburg, 2008

Upanischaden. Reclam, Stuttgart, 1994

Musik zur Meditationsbegleitung

Aeoliah: Angel Love, Lotus Music. Sanfte engelhafte Musik

Buntrock, Martin: Meer und Relax, Mentalis, Essen. Ruhig fließende Musik zur Entspannungsförderung

Calig, M.: Gregorianische Gesänge, Calig. Gregorianische Gesänge können christliche Meditation unterstützen, ebenso die „Bulgarischen Stimmen"

Deuter: Nirvana Road, Chelestrial, Sony. Beschwingte Stücke mit Titeln wie: Starway, The High Road, Echo of the East

Evans, Gomer E.: Meditation; Neptun Media. Die Seele streichelnde Musik

Horn, Paul: Inside the Great Pyramid, Chelstrial, Naxos. Mystische Musik mit Titeln wie: Initiation, Meditation, Enlightment, Fulfillment

Kitaro: Silk Road, Domo, Membran. Sphärische Musik mit Titeln wie: Silk Road, Silver Moon, Bodhissattva, Everlasting Road

Shanti, Oliver: Well balanced, Sattva. Unterschiedlich gestaltete ruhige und lebhafte Meditationsmusik

Links

Dalai Lama: Mantra OM
www.nepaltibet.at/audio/maha_mrityunjaya_mantra.mp3

Meditationoasis: Mandalas
www.youtube.com/watch?v=U-5kttiDPnw

Abb. 20: Stufenfolge der Versenkung in den traditionellen meditativen Systemen

	Yoga-System	Hinduismus	Buddhismus	Zen
1.	Basis: Yama: Ethisches Leben	Dharma: Ewiges Weltgesetz/Ethik	Dharma-Ethik, Taten, Karma	Einfachheit, Augenblick
2.	Niyama: Körperl. u. seel. Reinigung	Reinigungsrituale Kasten: Dienen	Disziplin, Herzreinigung	Strenge, Regeln
3.	Asana: Körperbalance	keine festumrissenen Schritte	Gesammelte Haltung	Za-Zen mit Blickfixierung
4.	Prandyama: Atemlenkung		Atembeachtung	Geschehen der Atmung
5.	Pratyahara: Beherrschung der Sinne		Leidensweg, Askese	Ablenkung von Störreizen
6.	Dharana: Konzentration der Gedanken		Hoffnung, Glücksempfinden	Einstellung auf ein Koan
7.	Dhyana: Meditation, Versenkung	Atman: Selbstwerdung	Bodhisattvasuche, Reinheit	Vertiefung

➡

	Yoga-System	Hinduismus	Buddhismus	Zen
8.	Samadhi: Einheit, All-Einheit	Brahman: Das All-Eine	Bodhi: Erleuchtung, Erlösung, Nirvana(Buddha:Erleuchteter)	Satori: Erleuchtung
Alltagssicht	Naturverbundenheit belebt	Nächster Schritt ist wichtig, nicht ein großes Ziel	Hoffnungsweg dem Leiden vorziehen	Augenblick zählt
Struktursicht	Entwicklungsstufen zur All-Einheit	Harmonikale Einheit mit dem Universum (im Mantra)	Präsenz des Kosmos (im Mandala)	Kosmische Weite im Augenblick
Bevorzugte Med.-form	Chakrenmeditation	Mantrameditation	Mandala-Meditation	Za-Zen-Meditation

Abb. 21: Zeittafel der Ausbreitung der Religionen und Meditationssysteme

Zeitraum	Lehre/Epoche	Schriften
ab 3000 v. C. (= vor Chr.)	Yoga-Systemanfänge Indus-Kultur (Sumerer)	Mündl. Überlieferung und Siegelinschriften
1800 - 800	Vedareligion (Naturgötter) Vedische Zeit (Indoeuropäische Arier)	(Rig-) Veda
1000 - 500	Brahmanismus (Brahman-Atman-Lehre) Früher Hinduismus	Brahma-Texte und Ältere Upanishaden
500 - 200	Buddhismus als Reformbewegung Präkanonischer Buddhismus	Mittlere Upanishaden
ab 300	Taoismus und Konfuzianismus in China	Tao-te king
ab 200	Buddhismus (Erleuchtung, Nirvanalehre) Blütezeit des B. in Indien (Hinayana, später Mahayana)	Dhammapada
ab 1 nach Chr.	Frühes Christentum in Palestina	Bibel
ab 70	Buddhismus nach China Gegenseitige Inspirierung der Religionen	
ab 320	Hinduismus (Götterlehre) Blütezeit des H. in Indien	Bhagavadgita seit 300 v. C.
ab 350	Ausbreitung des Buddhismus in China	

➡

Zeitraum	Lehre/Epoche	Schriften
ab 350	Ausbreitung des Christentums in Europa	
ab 450	Tantrismus in Indien	
ab 520	Zen-Buddhismus nach Japan	
ab 640	Buddhismus nach Tibet	
ab 650	Buddhismus (Hinayana) in Thailand	
ab 680	Buddh. Tantrismus in Indien (Diamant-Weg)	
ab 750	Buddh. Tantrismus in China und Tibet	
ab 850	Ausbreitung des Islam	Koran
ab 1000	Restauration des Hinduismus (Brahmanismus, Vegetarismus) nach Niedergang des Buddhismus in Indien	
ab 1100	Kreuzzüge nach Asien	
ab 1200	Islamische Einflüsse in Indien (Eroberungen, Tempelzerstörungen, Großmogulenherrschaft)	
ab 1520	Protestantismus in Europa	
ab 1750	Christliche Einflüsse in Indien (Brit. Kolonialismus)	
ab 1800	Neo-Hinduismus (M. Gandhi, 1869 - 1948)	
ab 1947	Hinduistischer Fundamentalismus, Guruismus	

Abbildungsverzeichnis

Namensverzeichnis

Register

Helmut Brenner

Autogenes Training Oberstufe / Autogene Meditation

Wege in die Meditation
Vom Autogenen Training zur autogenen Meditation

Die Oberstufe des Autogenen Trainings bietet mehr als bloße Entspannung. Sie lässt sich zusätzlich therapeutisch nutzen. Kombiniert mit Meditation eröffnen sich ungeahnte Erweiterungsmöglichkeiten, die hier vorgestellt und in die Praxis umgesetzt werden.

Die vorgestellten Wege in die Meditation beginnen bei den westlichen Traditionen. Vom körperorientierten Autogenen Training geht es voran in die Seinserfahrungen der autogenen Meditation. Die konsequente Durchführung und Weiterführung der körperlich-geistigen Entspannung in die Erlebnisbereiche des höheren Seins erweisen sich für den Einzelnen als außerordentlich bereichernd.

Die westlichen und östlichen meditativen Ansätze stellen keine unvereinbaren Gegensätze dar, vielmehr lassen sich Verbindungen und Übergangswege finden. Wie von selbst entwickeln sich Erweiterungen in der Farbmeditation, Formmeditation, Klangmeditation, Begriffsmeditation, Personmeditation und Seinsmeditation.

Die realitätsnahen praktischen Beispiele und Anleitungen sind alltagsbezogen, gut nachvollziehbar und für die eigene Person auch bewusstseinserweiternd anwendbar.

PABST SCIENCE PUBLISHERS
Eichengrund 28
D-49525 Lengerich,
Tel. ++ 49 (0) 5484-308,
Fax ++ 49 (0) 5484-550,
pabst.publishers@t-online.de
www.pabst-publishers.de

228 Seiten, Preis: 20,- Euro
ISBN 978-3-89967-623-5